광고로 촉발되는 이상한 우리나라 이야기
이상한 나라의 광고
이나광
異那廣
Advertising's
Adventures
in Wonderland

광고로 촉발되는 이상한 우리나라 이야기
이상한 나라의 광고
이나광
異那廣
Advertising's
Adventures
in Wonderland
문윤수 지음

이담
Books

'널리 알린다'는 뜻의 '광고(廣告)'를 재미있는 웃음거리로 이해하고 마는 것은 곤란하다. 그렇다고 해서 늘 필요한 메시지가 아니기에 외면해 버리고 마는 존재도 합당하지 않다. 우선 전자는 광고를 '영화'나 '드라마'와 같이 '대중문화물' 정도로 이해해 버리고 마는 것이고 후자는 현대인에게 늘 필요하지만은 않은 '소비정보'로서 이해하는 것이다. 그러나 지금 우리가 사는 시대의 광고란 그러한 '대중문화'와 '소비정보'를 뛰어넘어 '사회(society)'라는 기능도 수행하고 있다. 말하자면 광고란 우리가 사는 세상의 모든 것을 담고 있는 이른바 정치, 경제, 사회, 문화, 교육, 젠더, 노동, 미디어, 국제, 스포츠, 환경, 미래 등등에 이르기까지 그 기능이 대단하다는 뜻이다. 예를 들어 우리는 지난 대선 때나 총선 때 광고를 통해서 우리 정치현실을 이해했고, 우리의 자랑스러운 김연아 선수 명성을 광고를 통해 확인했으며 지구환경문제는 '생수'와 '공기청정기 제품' 광고를 통해 현재 감지할 수 있다.

사회 이해의 촉발요인이 된다는 것이다. 그리고 그 촉발은 우리가 아주 경시해 왔던 상거래 곧 '광고'를 통해 가능할 터인데 그렇다면 이 광고라는 것은 우리 사회의 담론을 끄집어낼 수 있는 아주 귀중한 존재로 취급될 수 있는 것이다. 그런데 그 귀중한 존재는 보기 좋은 떡으로 먹기 좋게 등장하는 것만은 아니다. 오히려 우리 사회의 모순을 지적할 수 있는 맛없는 부위도 많다. 결국 광고를 통한다면 어려운 정치설문지를 파헤치고, 복잡한 교육 분야와 씨름하고, 성가신 노사토론에 애쓸 필요 없이 우리사회 문제가 쉽게 찾아질 수 있는 것이다. 그런 의미에서 본 광고담론은 우리나라의 광고에서 촉발되는 우리 사회의 모순, 즉 이상한 점을 지적하고자 그 촉발을 시도했으며 그래서 광고를 통한 우리 사회는 철저하게 이상해 보이는 것이다.

본서는 광고를 통해 필자의 개인적인 사견들을 다소 첨가했다. 그래서 우리 사회에 대한 비교적 객관적이지 못한 지적일 수도 있었다. 그러나 이는 읽는 이들로 하여금 보다 현실감을 느끼게 해 드리고자 하는 이유에서이기에 널리 양해해 주시길 감히 바란다. 또한 비록 필자같이 '광고', 더 나아가 '사회'에 대하여 꼬인 사람들의 글, 즉 그 뒤틀린 사람들의 이야기도 한 번 들어주기를 희망하는 차원에서 제시하는 사견이기에 부디 언짢더라도 관대하게 이해해 주시길 바란다. 결국 우리는 늘 어떤 '사실', '현상', '정책' 등에 대하여 비교적 객관적인 것이 가장 타당하다고 여긴다. 그러나 그렇게 달려온 자본주의, 즉 광고의 21세기는 그리 밝지만은 않아 보인다. 그래서 더 많은 비판이 그 어느 때보다 아쉬운 때가 현재가 아닌가 한다. 그리고 그 디스토피아적 21세기의 요지는 본서의 마지막 부분에 이른바 '북극의 눈물과 광고'라는 제목으로 마련해 두었다.

꼬인 사람들의 비판과 지적이 없는 사회는 오히려 건강하지 못한 사회다. 왜냐하면 '집단사고'라고 하는 더 큰 '사회병리'가 결국 그 사회를 파멸에 이르게 하기 때문이다. 따라서 비록 본서와 같은 지적의 글들이 당분간은 다 된 밥에 고춧가루를 뿌려대는 얄미운 존재로 취급될지언정 그 사회가 건강 하게 유지되기 위해서는 그 얄미운 '투덜이'는 꼭 하나쯤 있어야 한다고 본다. 그러나 하나 분명한 것은 무조건 꼬여 영원히 얄미운 투덜이가 아니라 애정으로 투덜댄 것이기에 때론 쓸모 있는 투덜이여야 한다는 것이다. 물론 필자의 글도 그렇게 쓸모 있게 투덜대는지는 독자 여러분께서 평가하시겠지만 말이다. 결국 필자는 본서를 통해 '우리 광고', 즉 '우리 사회'를 투덜대고자 했다.

끝으로 필자의 부족한 생각을 책으로 엮어내 주신 한국학술정보(주) 관계자 분들에게 깊이 감사드리며, 여전히 부족한 글을 좋게 평가해 주신 한성대학교의 지상현 교수님, 매일경제 TV의 김영 박사님, 중국 사회과학원의 왕샤우링 연구원께 또 한 번 감사하는 마음 전한다.

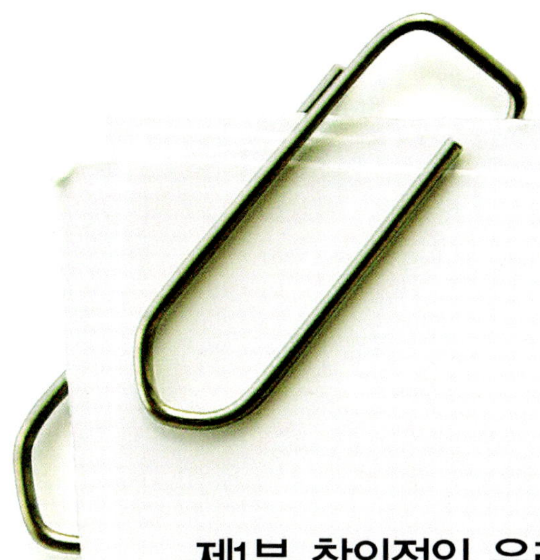

제1부 창의적인 우리나라

우리나라 교육에서 창의성 편력은 어느 민족 못지않게 강조되어
진다. 그러나 그럼에도 불구하고 우리의 창의적 산물은 그리 창
의적이지 못한 것이 더 많다. 그런 의미에서 본 제1부는 우리의
창의력으로 승화된 광고에 전혀 창의적이지 못한 우리 사회를
점검하였다.

1. 정복당한 프로스펙스에 대한 나의 견해

한때 전 국민에게 국산품에 대한 오타쿠 이데올로기가 만연되기도
했지만 무한경쟁시대에 우리 제품 이끌 애국심은 조금 시들하다.
빨간색 로고 하면 떠오르는 운동화는 갈고리 모양에 더 익숙한 것 같다.

얼마 전 우리나라 대표 스포츠 용품 브랜드 '프로스펙스'가 로고를 변경하면서 알파벳 'F' 자를 눕힌 옛 모양에서 역동성을 강조하는 전혀 다르지만 역시 알파벳 'P' 자를 세운 모양으로 교체하였다. 90년대 우리나라 시장에서 '나이키', '리복', '아디다스'의 기세가 등등해질 때 본 브랜드는 "정복당할 것인가", "정복할 것인가"라는 광고문구로 꽤 많은 사람들에게 신선한 '애국심'을 심어 주었다. 그러나 현재 그 프로스펙스는 그들에게 정복당한 듯해서 너무나도 안타깝다.

사실 '프로스펙스'라는 브랜드는 20세기 후반, 80년대만 해도 필자는 물론이고 많은 청소년들에게 선풍적인 인기를 끌었던 스포츠용품이었다. 그래서 학생들마다 자신의 세련된 정체성을 과시하기에 딱인, 자랑스러운 브랜드이기도 했다. 필자는 중학교를 입학하면서 비로소 그 애국적인 프로스펙스 가방을 형에게 물려받아 드디어 수중에 소유할 수 있었다. 그래서 중학생 3년 동안은 등하굣길이 자랑스러웠던 기억이다. 그러나 당시 주걱모양의 미국브랜드 '나이키'도 프로스펙스 못지않은 인기였다. 그러나 아무리 그렇더라도 프로스펙스가 이 주걱모양과의 결정적인 차별의 강점은 바로 "한국의 상표 프로스펙스"라는 광고문안 그대로였다. 사실 주걱모양 나이키에 본 '프로스펙스 브랜드'는 전혀 손색없는 품질이었다고 보는데 바로 그 대등함이 필자에게는 더 큰 매력으로 다가왔었다. 물론 형으로부터 물려받은 터라 선택의 여지가 없었지만 이러한 의지는 유치하기 짝이 없는 어린 형제들 간의 암묵적인 소통이 아니었는가 한다.

이러한 공감대는 중학 시절 쉬는 시간이면 연습장의 빳빳한 겉장에 치러지던 축구게임에서도 체감되곤 했던 기억이다. 그래서 그 게임판에 한국의 상표는 칸칸에서도 주걱모양과 나란히 그려지곤 했다. 10원짜리 동전을 볼펜으로 이리저리 종횡무진 하는 그 단순한 오프라인게임의 즐거움도 즐거움이겠지만 당시 한참 달아오른 스포츠 브랜드 취득 열기와 맞물려 그 축구게임은 학생들에게 재미있는 '물신주의'를 자극시키곤 했다. 결국 그 몹쓸 물신주의이긴 했지만 그런 그 국산의 프로스펙스는 주걱모양의 물신주의보다는 '애국심'으로 그럴듯하게 변장되었기에 부모님들로 하여금 어느 정도 구매 부탁이 용이하지 않았는가 한다. 물론 필자의 집안 형편상 과한 구매였지만 학업성적 향상과 그 구매협상은 그 빛나는 애국심으로 비교적 쉽게 이루어졌다.

그런 기억을 뒤로하고 필자는 입시로, 돈벌이로 그 브랜드를 만날 기회가 좀처럼 없었다. 다시 말해 그 즐거운 물신주의는 상위학년으로 올라가면서 시들해졌고 그보다도 더 중요한 인

생의 갈림길들이 그 브랜드충성묘미의 여유를 **빼앗아** 갔던 것
이다. 그러던 어느 날 그 브랜드와의 재회는 바로 건강에 관심
이 많아진 요즘 헬스클럽등록을 위해서였다. 우선 그 '건강클
럽'의 출입조건의 첫 번째는 바로 운동화 착용이었다. 그래서
프로스펙스 운동화 매장을 찾았다. 물론 현재도 그 물신주의의
즐거움을 만끽할 만한 여유는 없지만 이는 필자의 건강검진의
'황신호'에 겁을 먹은 터라 찾을 수밖에 없었다. 그런데 그 애
국심브랜드와의 재회는 그야말로 실망감이 더 컸다. 왜냐하면
변함없이 그 한국의 상표는 주걱모양의 그 미국 브랜드에 뒤지
지 않은 자랑스러운 모양으로 그 자리를 지켜주지 않았기 때문
이다. 필자의 생각에 늘 익숙했던 눕혀 놓은 F 자 모양이 아니
라 길거리 어디에서나 볼 수 있는 그야말로 야매(野賣) 브랜드
의 모양을 하고 있었다. 물론 이러한 생각은 철저하게 필자만
의 생각이다 점원은 그 변경된 로고가 더욱 역동적으로 멋있다
고 했지만 필자는 전혀 공감할 수 없었다. 그래서 필자가 기억
하고 있는 '한국의 상표' 그대로의 F 자 모양 로고의 운동화재
고라도 있는지 점원에게 물어보았다. 그 재고품은 한쪽 구석에
매우 저렴한 가격으로 처분을 기다리고 있었다. 그래서 필자는
당연하고 망설임 없이 그 처분감을 구입하였고 현재 아직도 그
운동화를 신질 못하고 있다. 왜냐하면 이걸 신어 버리면 내가
알고 있던 한국의 상표는 없어져 버리는 것이 아닌가 하는 유
치한 심산에서다. 결국 그 한국의 상표와의 재회는 필자를 하
루아침에 '오타쿠(otaku)'로 만들어 버렸다.

얼마 전 퇴근길에 한 '체대생'이 태권도 도복을 입고 어딘가로 이동하는 것을 본 적이 있다. 운동을 전공하기에 건강하기 그지없었지만 그 학생의 도복은 독일 스포츠 브랜드인 '아디다스' 로고가 선명하게 새겨져 있었다. 이제 와서 상품에 지나지 않는 것에 애국심을 강조하는 것이 유치한 발상임을 짐작하면서도 우리의 스포츠 종목인, 태권도 용품에 까지 다른 나라 브랜드의 관여는 그리 신나지만은 않는 것이라는 생각이 들었다. 더욱이 한국의 상표, '프로스펙스'에 대한 아쉬움이 많았던 터라 그 '양키' 상표와 '태권'과의 관계는 많이 못마땅했다.

한일전 스포츠중계가 있을 때 여전히 우리나라 사람들은 큰 관심을 보인다. 아니 한일전뿐만이 아니라 국제 스포츠경기가 있을 때만 되면 온 나라가 들썩들썩한다. 그런데 필자는 그럴 때마다 선수들의 복장을, 운동화를, 운동기구 등을 유심히 살펴 보곤 한다. 한국의 상표는 이제 찾아보기 힘들어졌다. 한일전에 우리 선수도 일본 브랜드, 일본 선수도 일본 브랜드의 운동복을 입는다. 그런 가운데 그 주걱모양의 미국브랜드는 항상 선수들로 하여금 그 착용이 지배적이다. 그 옛날 우리의 스포츠 선진화와 맞물려 성장한 한국의 상표들은 어디로 갔는지 세계적 무대에서도 그렇고, 국내에서도 필자만 선호하는 듯하다. 스포츠 용품에 대한 지식이 별로 없는 필자로서는 그 품질의 차이가 없거나 오히려 좋다고 보는데 이런 사고방식은 이미 그 정당성을 잃은 지 오래인 것 같다. 무슨 특별한 기능이 추가되었는지는 몰라도 사정없이 고가(高價)인 주걱모양보다 훨씬 나은 것 같지만 사람들은 이러한 생각에 전혀 공감하지 않을 것이다.

어제 헬스장을 오랜만에 찾았다. 이번에는 어릴 적 그 한국의 상표 로고 그대로의 프로스펙스 운동화를 과감히 준비해 멋지게 신어 보았다. 그러고 나서 한 번 사람들의 운동화 브랜드를 눈짐작으로 통계 내어 보았다. 헬스를 하는 사람들 중에 거의 90%가 그 주걱모양의 운동화로 건강을 다지고 있었으며 그 나머지는 외국 브랜드의 운동화가 일색이었다. 그리고 필자 혼자만 한국의 상표로 운동을 하고 있었다. "정복할 것인가" "정복당할 것인가" 결국 프로스펙스는 정복당하고 말았다. 그래서 필자가 자랑스러워하는 한국의 상표는 어느 누구도 공감하지 않는 혼자만의 애착이 되어 버렸다. 그런데 아이러닉하게도 우리 선수들의 기량은 야구에서, 골프에서, 양궁에서, 유도에서, 태권도에서, 핸드볼에서, 심지어는 빙상에서까지 오히려 세계를 정복하고 있다. 그 한국의 상표까지 우리 선수의 가슴팍을 정복하고 세계를 정복했으면 더욱 뿌듯했을는지도 모르는 일이다. 그러나 그 뿌듯함이란 '국산품 애용'이라는 30대 아저씨의 촌스러운 추억일 뿐이다.

2. "요고요고 재미있네", "네이밍구 멍멍멍"

우리 발음대로 다른 나라의 지명을 표기한 여행사 광고다.
그런데 이는 현재 언론에서 옳지 않은 발음이라고 한다.
그래서 필자가 빨갛게 찍찍 그어 버리고 옳게 고쳐 놓았다.

얼마 전 한국어학회에서는 우리가 즐겨 쓰던 단어, '짜장면'을 '자장면'으로 발음할 것을 발표(강요)했다. 그런데 그 근거의 묘연함을 얼마 전 한 방송사(SBS)가 지적하기도 했다. 어릴 적 날짜를 지칭할 때도 '몇월 몇일'이라고 쓰였으나 얼마 전부터 '며칠'이라고 해야 한다. 또한 졸지에 '설겆이'는 '설거지'가 되어 그야말로 '거지'라고 발음해야 한다. 초등학교 시절 미국의 거대도시 '뉴욕'은 '뉴우뇨오크'라고 표기한 학생만 확실한 점수를 받을 수 있었다. 그러나 우리는 현재 다시 그 요상한 '뉴우뇨오크'를 버리고 '뉴욕'이라 쓰고 있다.

사실 이러한 단어들은 왜 이리 인위적으로 조정하는 것일까? 이러한 잦은 변경은 예전에 우리말은 올바르지 않았다는 것이고 그에 우리들의 입은 다 거짓말을 하는 것이었던가 하는 짜증 섞인 의문이 생긴다. '방송뉴스'에서 가끔 어색한 말들이 들리곤 하는데 그중 대표적인 것이 바로 '효과'라는 단어다. 우리는 일상에서 이 효과를 '효꽈'로 발음한다. 그런데 이는 표준말이 아니거나 잘못 쓰인 발음이라 하여 '효과'로 발음할 것이 권장되고 있다. 그럼에도 불구하고 이 권장형 발음이 '효꽈'로 여전히 발음되어 공중파를 타기도 하는데 바로 '광고'라는 영역에서다. 사실 광고는 현시대의 가장 생생한 정보원이다. 그래서 그 중요성은 일반사람의 생각보다 의외로 크디크다. 고로 광고에서의 '흑꽈'란 당연한 것이며 이의를 제기하는 것이 더 이상할 따름이다. 결국 가장 중요하게 어색하지 않다는 것이다.

때론 '표준어'라고 하는 제도는 우리의 일상생활 언어자체를 궁색한 이유로 통제하는 것이 아닌가 한다. 물론 점잖지 못한 언어의 식별, 명확한 소통을 위해서라도 그 통제는 필요하겠지만 너무나도 무분별한 통제는 오히려 그 자연스러운 언어문화의 흐름을 방해하는 것일 수도 있다. 앞에서 언급한 '자장면'에서부터 '효과'에 이르기까지 오히려 이 발음들을 입 밖에 내는 것은 사람들과의 대화에서 어색한 발음을 양산하는 형태다. 우리는 학창 시절 국어시간에 한국어 '고어(古語)'를 배웠다. 이도 어색하지만 옛날 말이니 특이하고 재미있을 따름이었다. 그런데 당시에 쓰인 한국어와 현재 우리가 쓰고 있는 한국어는 확연히 다른 이유가 있는데 바로 자연스럽게 변화된 이유에서다. 그리고 그 변화의 에너지는 표준어의 틀이 아니라 사람들의 일상에서다. 결국 요즘의 한국어를 보면 '표준어'라고 하는 이데올로기가 그 자연스러운 변화를 잡아두거나 오히려 표준어 외의 언어를 우스꽝스럽게 전락시키고 있다.

사실 학창 시절 국어시간에 한국어 '고어(古語)'의 경험은 한국어의 소중함을 알게 한 교육이었다. 그런데 그 소중한 한국어는 '서울어'만 의미하는 것이 결코 아니다. 각 지역의 언어

도 엄연한 한국어다. 그런데 '한국어'는 '서울어'이고 '서울어'
는 '표준어'다. 그래서 나머지 우리말은 한국어가 아닐 정도로
그 '표준어'기세에 눌려 그대로 수용되어 버렸다. 그리고 그 지
역의 독특한 가시적인 문화마저도 서울과 유사해져 버렸다. 과
연 이렇게 전 국토의 언어가 동일해져 가는 것이 과연 좋은 걸
까? 사실 저지할 이유도 없겠지만 점점 그 지역의 언어가 서울
어화되고 있음은 안타까운 현실이 아닐 수 없다. 필자가 재직
하고 있는 지역 '대전'은 더 이상 이른바 '대전어'가 없다. 대부
분의 사람들이 '서울어'를 쓰고 있다. 아니, "……시유……"라
고 쓰는 그 자체를 우스꽝스럽게 여긴다. 그런데 분명한 것은
지역 언어는 웃기거나 촌스러운 말이 결코 아니다. 그 지역의
문화와 사회심리가 녹아 있는 아주 중요한 상징이며 보물이다.
그런 이유로 '사투리'가 아닌 '지역어'는 국어학을 공부하는 사
람들만의 관심대상은 더욱 아닌 듯하다.

우리의 표준어, 서울어는 자연스러운 한국인들의 언어변화와
다양성을 용납하지 않는다. 더욱이 지역어 자체도 서울어의 권
력에 눌려 촌스럽거나 우스운 언어로 그 애용을 수치스럽게 하
고 있다. 그런 이유로 '2007 대한민국 대학생 광고경진대회'를
집행하기 위해 만난 분들과 짧은 운전 중 토론 아닌 토론이 있
었다. 부산 경성대 박기철 교수님은 '부산어'를 활성화시켜서
뉴스든 신문이든 그 사용을 권장해야 한다고 주장하였다. 그런
데 서울 숙명여대 '유종숙' 교수님은 한 나라의 기준이 되는 표
준어, 즉 '서울어'의 필요성을 강조하셨다. 대전 목원대에 있는

필자는 '대전어'가 완전 사라진 현 상황에서 박기철 교수님의 주장에 동조하고 싶었지만 지방에서 촌스럽게 사는 사람으로서 그 보이지 않는 서울기세에 눌려 아무 말도 할 수 없었다. 결국 충청도 사투리가 아닌 '대전어'의 공식화는 지역 문화발전에 있어서 아주 큰 의미가 있지만 서울에서의 허락이 필요하고 그 허락은 씨도 먹히지 않는 망언에 불과한 듯하다.

그런데 사실 이러한 주장에 대하여 서울사람들은 그 필요성조차 체감하지 못할 것이다. 가끔 서울사람들이 지방에 내려가 듣는 사투리에 대하여 구수하거나 진정한 삶이 녹아 있다고 극찬을 하지만 사실 그게 전부다. 하기야 '정부'나 '언론'도 중국기세에 눌려, '북경'을 '베이징'으로 '내몽골'을 '네이멍구'로, 일본의 기세에 눌려 '동경'을 '도쿄'로 '북해도'를 '홋카이도'로 부르기로 한 걸 보면 참 우리는 너무나도 이웃나라에 대한 배려심이 남다른 것 같다. 그런데 우리 지방에 대한 배려는 생각조차도 어색한데 말이다. 결국 알아서 힘 있는 나라들이 원하는 발음 그대로 아예 우리말 표준화를 널리 장려하는 분위기다. 앞으로 우리나라를 부르는 발음이 어떻게 권장될지 궁금하다. '강꾹꾸'일까 '한꿔'일까, 그런데……

"요고요고 재미있네"
"네이멍구 멍멍멍"

3. 제복 입은 창작자

우리나라에서 학생다운 복장을 찾아 돌아다니던 중 마네킹을 발견했다.
그런데 그 마네킹은 우리나라 학생답기 이를 데가 없는 교복을
걸쳤지만 몸뚱이는 바로 서구인이었다. 우리나라 사람들은 서구인의
몸뚱이는 선호하면서 왜 서구의 교복자유화는 거부했던 걸까?

새 학기가 되면 우리나라 청소년들은 부모와 함께 '교복 매장'이라고 하는 곳을 이리저리 돌아다니는 모습이 연출된다. 그래서 이방인들로 하여금 이는 우리나라 이해에 빼놓을 수 없는 진풍경이기도 하다. 그중 유명브랜드 교복매장은 요즘 유행하는 체형인, 다리가 긴 체형, S라인의 체형을 갖게 된다는 어처구니없는 광고를 해대곤 한다. 그래서 아이와 동행한 부모님들은 그 체형취득의 대가가 고가(高價)로서 강력히 그리고 너무나도 당연하게 요구하는 데 화가 나지 않을 수가 없다. 결국 늘 이에 못마땅한 학부모 혹은 소비자단체들은 이 시기만 되면 그 요상한 체형브랜드 교복가격에 의혹을 품게 되며 급기야 그 의혹의 연대는 그 교복시즌에 항상 비중 있는 뉴스기사가 되곤 한다.

그 내용인즉슨 바로 이런 것이다. 우선 지나치게 유명한 연예인을 광고모델로 기용해 모델료를 교복 값으로 보충하려고 하는 의혹, 혹은 특별할 것도 없는 원단의 의혹, 브랜드교복회사들 간의 담합 의혹, 등등은 매년 신학기에는 이러한 공방이 끊이질 않는다. 그런데 우리는 왜 이렇게 문제가 되는 혹은 비

싼 교복을 입혀야 할까 하는 근본적인 문제부터 거슬러 봐야
하는 것이 아닌가 한다.

> "학생이라면 당연히 교복을 입어야지요."
> "학생답잖아요."
> "교복을 입어야 학업에 전념할 수 있어요."
> "학생들 옷값을 충당하기가 힘들어서 이거 하나면 3년은 가요."
>
> "학생다운 게 과연 뭘까?"
> "학업은 뭘까?"
> "교복을 입어야 공부를 더 집중하는 것을 뭘까?"
> "교복은 과연 옷값 충당에 도움이 되는 걸까?"

　우리나라는 1980년대 중학생 그리고 고등학생들에게 이른바
'교복자유화'를 허용했다. 학생들은 환호했고, 어른들은 걱정했
다. 학생들은 그들의 개성을 마음껏 표현할 수 있어서였고, 어
른들은 탈선하지 않을까 해서였다. 그러나 그 이후 대부분의
학교들은 너도나도 다시 교복을 입히기 시작했으며 현재의 중
고교생 모두는 교복으로 구분된다. 다만 교복자유화 이전에 온
통 까맣거나 하얀 깃을 달아야 하는 전국통일의 교복모양은 아
니다. 그런데 왜 또 우리는 교복을 너도나도 입혔을까? 학부모
님들이 자녀들의 사복 구매비를 절감하고자일까? 아니면 학생
다움을 다시 찾으려는 것? 그래서 면학분위기 조성 등등, 자유
를 주었는데 그 자유가 오히려 불편하다고 다시 통제를 받겠다
는 이상한 '쉰네근성'으로 이해해야 할까? 아니면 그 회귀가 우

리 사회에서는 이상할 것도 없이 자연스러운 것일까?

　사실 대부분의 학부모님들이 그 별 볼일 없었던 우리의 교육과정을 거쳐 왔으면서도 무작정의 그 교복착용의 시기, 즉 상급학교진학을 위해 고행하는 '학생다움'과 또 그 상급학교 진학을 위해 국·영·수 외우기시기를 군말 없이 보내 주기를 바란다. 그러나 우리도 거쳐 왔겠지만 이 시기는 가장 자기표현욕구가 강한 시기다. 그래서 그것이 어떤 형태로든 허용해야 할 것일 터인데 유독 이들의 외모표현의 자유에 대하여 우린 너무나도 경시하거나 아예 교복이라는 통제수단으로 원천 봉쇄시켜 버리는 것이 오히려 옳다고 생각한다. 다소 과장이라고 할 수도 있겠지만 한창 자기표현을 하고픈 나이에서 보자면 이는 마치 일제의 탄압과 유사하며 군대에서의 무조건 복종과 유사한 형태라고 해도 과언이 아니다. 그러나 분명한 것은 학교는 '조선총독부'도 아니고 '논산훈련소'도 아니다. 결국 학생의 본분이란 교실이라는 공간에서 상급학교 진학을 위해 스포츠머리와 단발머리로 고행하는 '수도승'이 아니라 유감없이 자기표현을 자유롭고 주체적으로 하는 '창작자'이어야 하지 않을까 한다.

　얼마 전 한 예술 고등학교를 방문한 적이 있다. 캠퍼스 곳곳에 미술작품과 노랫소리 등등 인문계 고등학교와는 사뭇 다른 그야말로 자유로운 분위기였다. 그러나 종이 울리는 순간 모두 다 똑같은 교복을 입은 학생들이 쏟아져 나왔다. 뭔가 특별한 것이 있을 것이라는 자유로운 기대는 순식간에 경직되어 버렸

다. 물론 이러한 느낌이 필자 혼자만의 느낌일지도 모르겠지만
말이다. 결국 이 학생들은 마치 똑같은 그림을 양산하기 위해
일부분만 계속해서 그려 대는 그림 공장의 '화공(畵工)'들을
연상케 했다. 한창 창의력을 발휘해야 할 나이인데 또 상급학
교진학을 위해 반복적인 과목을 공부하는 인문계 아이들과 별
반 다를 게 없는 분위기였으며 이들 또한 예술대학 진학을 위
해 반복적인 그림, 반복적인 노래, 반복적인 무용 연습을 한다
는 것이다. 그렇다면 예술고등학교라는 이름에 걸맞은 창작활
동은 언제 하는지가 의문을 갖지 않을 수가 없었다.

우리는 모든 교육현장에서 아이들에게 창의성을 가장 큰 덕
목으로 강조하곤 한다. 그래서 항상 창의적인 사고를 발휘할
것을 요구한다. 그러나 우리나라의 아이들은 그 창의적인 표현
에 있어서 최소한의 조건인 자신의 복장표현에서조차 자유롭
지 못하다. 어떤 경우는 머리모양까지도 학교에서 규정해 준
다. 하다못해 학생은 치장 혹은 화장과 거리가 멀어야 한다는
생각이 우리나라에서는 이미 오래전부터 이데올로기화되어 있
다. 그 이유는 말하지 않아도 알 수 있을 것이다. 정 모른다면
이는 바로 모두 쓸데없는 '짓거리'에 불과하기 때문이다.

우리나라 교육을 비판하는 한 세미나현장에서 한 국제학교
장님(외국인)께서 당신 학교의 교육시스템과 현재 선진국들에
서의 창의적 교육시스템이 유사하다고 자랑하듯 설명하였다.
그러고 나서 한국의 한 교수님께서 "한국 학교의 문제점이 무
엇입니까?"라고 그에게 물었더니 창의적이지 못한 교육에서

비롯된다고 했다. 그리고 자신 고국의 중·고교의 다양한 학교 종류를 자세하게 설명하였다. 사실 부럽기가 이루 말할 수 없는 것이 아니라 이상하지 않을 수가 없었다. 원래 우리의 교육도 늘 선진국과 똑같이 창의력을 강조하며 그래서 여러 다양한 학교 종류를 아주 종합적으로 마련해 놓고 있다. 그러나 문제는 그 환경조성이 오로지 대학입학이라는 것으로 집중되어 있기 때문이다. 인문계고도 대학, 실업계고도 대학, 과학고도 대학, 예술고도 대학, 외국어고도 대학 모두 대학이다. 그리고 대학진학의 성공은 창의적인 수업의 결과라고 얼굴색 하나 안 변하고 자랑들을 해댄다. 사실 그렇지도 않으면서 말이다.

우리의 교육현장에서 '창의력'이란 낙천적인 '색목인'과 달리 그 선천적인 소심함 때문에 탁상에서 현학거리로 소비되고 마는 것이 아닌가 한다. 단적인 예로 진정 파격적이고 창의적인 수업이 이루어지고 있는 '대안학교'를 언론에서건, 일선교사이건, 학자이건, 교육 관련 공무원이건 모두 극찬하면서도 내 자녀를 그 창의력의 구렁텅이로 보낼 용기는 정작 없는 것이 우리의 교육의 모습이다. 그러나 거기에서는 분명 학생들마다 그 수학(受學)속도의 차이가 있을지는 몰라도 '자기주도학습'이라는 것이 존재하며 '사교육'이라는 것은 아예 존재하지 않는 곳이다. 그래서 꽤 창의적이고 비판적인 사고의 학생이 많이 있는 곳으로 안다. 사실 따지고 보면 그래서 명문학교인가의 가능성이 충분한 곳이기도 하다.

서울에 12곳, 부산에 2곳 이른바 '자율형 사립고'라는 학교가 설립된다고 한다. 드디어 자율적으로 입시에 전념하기 위해 온갖 시스템을 도입해 똑같은 교복을 입혀서 나중에 모두 대학생을 만들려는 입시 고등학교가 공식적으로 출범하는 셈이다. 우리 사회에서 진정한 명문고는 모두 교복 입혀서 똑같은 교실에 앉혀 놓고 새벽부터 자정까지 국·영·수 외우기에 전념하고 '대학입학사정' 대상으로 만들어 놓는 것이다. 그리고 다시 이렇게 교육받은 학생들이 대학에 들어가 sky라는 이름표를 하나씩 달고 자아실현과 사회진보의 소명의식보다 새벽부터 자정까지 국영·수 외우기에 전념하는 방법을 전수하는 사람으로 다시 태어난다. 이렇게 우리의 교육현장은 오로지 상급학교 진학이라는 '다람쥐 쳇바퀴놀이'를 하고 있는 것이다. 그리고 그 맹목적 쳇바퀴의 고행 속에서 우리의 청소년들은 그 무료함을 달래기 위해 고가의 교복브랜드라도 고르는 재미를 자기표현이랍시고 부모들에게 졸라대는 것이다.

사실 이들이 정말 표현하고 싶은 것은 교복이라는 저 바보같이 다리가 긴, S라인의 물건이 아니라 정말 다양한 데도 말이다.

4. 할아버지 키우지 말아요

용산가족공원에 실제로 가면 3대로 이루어진 대가족이 나와
한가롭게 즐기는 모습을 심심치 않게 볼 수 있다.
그런데 할머니, 할아버지들은 시종일관 손녀·손자를 돌보고 있으며
그 아이들의 어미 아비는 낭만을 즐기고 있다. 그러고 나서
저녁이 되면 할머니 할아버지는 그 낭만을 즐기던 가족과 헤어진다.
이것은 한국 사회에서 현재 최고의 미덕으로 통용된다.

서울 동작대교를 타고 '용산가족공원'을 가려고 하면 용산가족공원 방향의 이정표가 있다. 그리고 그 이정표에는 단란한 가족의 모습이 그려져 있는데 그 구성은 '아빠', '엄마', 그리고 '아이' 이렇게 셋이다. 이를 가리켜 우리는 '핵가족'이라고 하고 현재 우리 사회에서 너무나도 어색할 것 없는 보편적 가족구성원이다. 또한 자칭 우리나라 대표기업이라고 과시하는 '삼성'도 지난 2008년도에는 시종일관 '또 하나의 가족 삼성'의 3D 인형핵가족을 셋으로 결정한 바 있다. 그래서 삼성 가전이 풍성한 가운데 남을 배려하고, 어르신께 공경하고, 학원에 빠지는 아이에게 어떻게 해야 하는지 등등의 교육관을 핵가족 소비자들에게 조언해 주기도 했다. 정말 고맙지 않을 수가 없다. 결국 '이정표'도 '삼성'도 아무 이상할 것 없는 우리 사회의 작지만 착한 가족의 지표인 셈이다.

그런데 문제는 그 작고 착한 핵가족들이 너무나도 얄미운 짓들을 하기에 사회적인 문제가 크다. 시실 우리가 핵가족이라고 하면 2대만 존재하는 가족을 가리키며 그 구성원의 수가 국내에서는 약 3명 때론 4명 정도다. 결국 자녀들에게는 할아버지와 할머니가, 자식들에게는 아버지 어머니가 제외된 가운데 그들만의 가족이 대세라는 것이다. 그런데 이 가족들이 그들만의 가족을 주장할 만한 자격이 있는가 하는 것이 문제다. '합리성'에 애초부터 눈이 뜨는 서구사회는 이른바 '확대가족'을 부모로부터 철저하게 독립된 가운데 이루어지게 했다. 다시 말해 20살을 전후에 이들은 자연스럽게 독립을 선언하고 부모로부터 전혀 다른 인격체로 살아간다는 것이다. 그래서 사회적으로도 부모 밑에서 미성숙한 존재가 아니라 독립적으로 이루어지고 인정해 주는 추세다. 그야말로 그 독립생활은 앞으로 스스로 이끌어 갈 자기만의 가정 형성의 '나 혼자 준비과정'인 셈이다.

그러나 우리는 성인이 되었음에도 불구하고 자신의 학비를 전적으로 부모에게 의존하고, 직장이 생겨도 부모 집에 거주한다. 그리고 자신의 가정 형성을 위한 비용(결혼비용)도 부모에게 요구하며 더 나아가 육아에까지 부모의 희생을 은근히 당연한 듯 강요한다. 때론 그도 모자라서 이미 클 대로 큰 손자아이의 방과 후 간식거리를 조부모가 챙겨주는 것을 미덕이라 여긴다. 그래서 멀리 사시는 부모를 그 공도 없는 노동을 위해 일정 기간 거주할 것을 권장한다. 이쯤 되면 이는 독립된 핵가족의 형성이 아니라 3대가 어우러진 대가족이라고 할 수 있는 것이다. 그래서 이들에게 가족이란 할아버지, 할머니, 엄마, 아빠, 그리고 몇몇의 자녀구성원들로 인식되어야 한다. 그런데 그럼에도 불구하고 놀라운 것은 그 엄마, 아빠, 그리고 아이들의 인식에서는 이 고마우신 할아버지, 할머니가 늘 빠져 있다는 것이다. 물론 할아버지 할머니가 같이 거주하지 않아서 그런 탓이라고 볼 수도 있겠지만 같이 살지 않아도 우리 사회의 할아버지 할머니들은 앞에서의 자녀들을 위한 무상서비스를 기꺼이 해 주고야 말며 무엇보다 엄마, 아빠들이 더 요구하기도 한다. 그런데 그 자식들의 여가생활을 가만히 살펴보면 그 할머니 할아버지가 제외된 가운데 바캉스계획을 세우고, 제외된 가운데 적금통장을 만들고, 제외된 가운데 가족건강을 챙기고, 제외된 가운데 아이교육을 걱정한다. 결국 이것이 그 자식들이 알고 있는 어줍지 않은 '핵가족'의 정의다.

우리는 이 핵가족이라는 가족문화에서 '문화지체'를 겪고 있다. 서구사회와 같이 완전하게 독립된 자기능력에 의해서 형성시킨 핵가족도 아니면서…… 그래서 현재에도 그 능력에서 부실하여 할머니 할아버지에게 도움을 청함에도 불구하고 정작 이들의 가족구성원 인식이란 그 할머니 할아버지를 빼내는 것이 당연하다고들 여긴다. 다시 말해 '핵가족'이라는 껍데기의 기호만 서구사회에서 들여왔고 그 본질은 철저하게 왜곡시켜 행하고 있는 것이다. 우리는 누군가가 되었든 간에 무언가를 주면 기꺼이 내줘야 한다는 서구사회의 냉정한 원리를 알고 있다. 그런데 현재 유독 핵가족 가장의 부모, 즉 아이들의 할아버지 할머니로부터 많은 것을 받고 있음에도 불구하고 그 간단한 가족구성원으로서의 인정은 인색하다. 물론 물질적 보상반환도 없이 말이다.

몇 해 전 필자의 아버지가 오랜 지병으로 돌아가셨다. 뇌혈

관계에 이상이 있으셔서 오랫동안 어린아이와 같은 말투로 몸이 불편한 가운데 지내셨다. 당시 이런 생활 속에서 세 살짜리 어린 조카는 대뜸 "할아버지 키우지 말아요."라고 형수님께 조용히 요구했다고 한다. 처음에는 웃어넘겼지만 시간과 세월이 지나면 지날수록 필자의 형수님께서는 당시 아버지에 대한 필자 가족들의 태도가 키워도 되고 안 키워도 되는 애완동물 정도로 인식하게 만든 것 같다며 몹시 슬퍼하셨다. 그런데 이는 비단 형수님만의 반성은 아닐 듯하다. 시동생인 필자도, 그리고 형님도 병환이 있으신 날부터 아버지에 대하여 온전한 가족 구성원으로서 인정을 하지 않은 듯했다. 그래서 필자조차도 진로에 대한 문제를 더 이상 아버지와 상의하지 않았고 아버지께 귀가인사의 필요성도 별로 느끼지 못했었던 것 같다. 그리고 무엇보다 필자는 은연중에 아버지가 주신 그 모든 것을 그 어눌한 언어 상태 때문에 모두 잊어버리는 못된 아들이라는 것을 뒤늦게 깨달았다.

이런 말을 들었다. "딸자식이 있는 할머니는 부엌 싱크대 앞에서 죽고", "아들자식이 있는 할머니는 길거리에서 죽는다."는 말이다. 다시 말해 우선 전자는 '딸자식'이 해야 할 온갖 부엌일에 힘들어서 싱크대 앞에서 쓰러져 죽는다는 얘기고, 후자인 '아들자식'은 그 아들자식의 안사람, 즉 며느리들의 욕구에 부흥하고자 시어머니가 찾아오기 힘들게 요즘 아파트 이름이 영문이름, Raemian, Tower palace, Hillstate, Prugio 등으로 되어 있어서 그 집을 찾다가 길거리에서 돌아가신다는 것이다.

물론 있을 수 없는 일이겠지만 지금의 핵가족의 가장들이 예전에는 의심할 여지없는 가족, 즉 부모였음에도 불구하고 이제는 있으면 여분의 노동력이고, 없으면 아예 키우기 싫어서 내다 버리는 애완동물쯤으로 이해하는 것이 아닌가 한다. 물론 '애완동물'표현은 불효자인 필자경우에만 해당되긴 한다. 나를 키워 주고 먹여 주고 대학까지 보내 주었고 결혼까지 시켜 주고 손자들까지 돌봐주는 우리의 부모님들은 언제까지 이 못된 자식들로 하여금 '외사랑'만 할 것인지…….

우리 모두 아내가 생기고, 남편이 생기고, 아이가 생기면 자신만의 울타리를 만든 것이 기쁘고 소중하다며 눈물 짜며 오버한다. 그러나 같이 살지도 않는 부모님의 주소지를 자신에게 올려 연말정산의 도움을 받으려는 파렴치한 가짜 대가족이 우리 사회의 모습이다. 제발 대가족으로 은근히 인정해 주길 바라는 우리의 부모님들을 내 가족의 울타리에 편입시켜 드리는 마음이 진정 있는지 성찰해 보고 만약 그렇지 않다면 육아며, 집안일이며, 연말정산이며 모두에서 부모님들을 해방시켜 드렸으면 한다. 그리고 이제 우리 부모님들 모두는 자식에게 늙어서까지 모든 것을 서비스해 줘야 하는 것이 결코 미덕이 아니니 부디 그만 수고하시고 부모님생활에서 부모님 자신이 중심이 되어서 늘 즐겁고 행복하게 사시길 바란다.

사실 우리나라 핵가족에서 아이들의 '사교육비' 때문에 죽겠다고들 하는데 사실 그렇게 죽을 정도로 마련된 '사교육비'는 우리들 할머니, 할아버지들을 위해 쓰여도 될 몫이다. 부디 우

리 할머니 할아버지님들은 자식에게 그 사교육비를 용돈으로
서 당당하게 요구하시길 바란다. 만약 그게 어렵다면 자식 '외
사랑' 그만하시고 지금 사시는 당신 소유의 집은 '모기지론'이
라도 하셔서 아주 풍요한 노후를 즐기며 후회 없이 사시길 바
란다. 그들이 그 집까지 요구하기 전에 말이다.
　"아버지 죄송합니다."

5. 김밥이 천국인 나라

필자는 시간이 없을 때 햄버거보다 김밥으로 끼니를 해결한다.
먹으면서도 그리 즐겁지만은 않다. 그런데 즐겁지 않아도 꾹 참는다.
왜냐하면 이 간편식이 어느 누구에게는 귀한 음식일 테니 말이다.
현재는 그 김밥이 1,500원으로 올랐다.
모든 정치지도자들은 이렇게 말한다. 맡겨만 달라고.
그러면 확 바꿔 놓겠다고. 그러나 그 500원 하나 잡지 못한
정치지도자들의 주둥이를 우리는 언제까지 믿어야 할까?

8 0년대 햄버거라고 하는 패스트푸드가 한국에 상륙해 주가를 올릴 때 한 TV프로에서는 우리나라의 스낵도 얼마든지 패스트푸드가 될 수 있음을 재미있게 제시해 주곤 했다. 그러나 그 햄버거는 90년대 2000년대를 지나 우리나라에서 가장 거대한 패스트푸드가 되었다. 그런데 문제는 이 빠르고 간편하고 맛있는 스낵의 지나친 섭취는 성인은 물론 어린이들 건강에 해롭다는 의문이 제기되기 시작했고 바로 '웰빙'이라는 유행과 맞물려 설탕과 소금을 권장하는 이 튀긴 음식에 제동이 걸리고 말았다. 그러나 아무리 그렇더라도 모든 햄버거는 현재에도 불티나게 팔리며 광고들은 젊은이의 낭만과 어린이 만화마케팅과 연계시켜 그 돋보이기가 여전하다. 그래서 알 만한 부모들에게는 이러한 광고가 썩 예뻐 보이질 않을 것이다.

그런데 이 뭇매가 이 햄버거라는 패스트푸드에만 해당되는 될까? 길거리에서 아무런 성분표시도 전혀 이루어지지 않은 가운데 만들어지는 튀김, 떡볶이, 순대 등도 분명 패스트푸드다. 오히려 햄버거가 만들어지는 공정보다 더 빠른 이 스낵은 토종으로 개발된 패스트푸드이기에 그리 미워 보이지는 않는다. 아니 미워할 수 없다. 급기야 서울시는 이를 서울의 낭만적인 먹을거리 문화로서 외국인들의 관광을 유도하는 국제광고에까지 등장시키고 있다. 따라서 필자도 우리 사회의 이 패스트푸드 문화에 대한 이중적 관대함에 뭐라 할 말이 없다. 왜냐하면 필자의 건강보다 우리 사회의 그 거센 이목이 더 두렵기 때문이다. 더욱이 영세한 길거리 패스트푸드 업자들이 햄버거 패스트푸드업자들과 같이 법적으로 대처할 지식도, 능력도 없는 것에 적극 동의하기에 그들에게 관대해야 하는 것은 우리 사회의 암묵적 합의인 것 같다.

패스트푸드에 대한 문제는 이쯤 해두고, 햄버거 못지않게 공식적으로 개발된 현재 우리나라 패스트푸드는 '김밥'이다. 맛있는 김에다 맛있게 조미된 밥을 깔고 각종 야채, 단무지라고 불리는 절인 무, 계란부침 그리고 각종 고기류를 길게 넣어서 둘둘 말아 썰어 놓으면 맛있는 김밥이 완성되는데 이도 현재 햄버거와 견줄 만한 당당한 우리식의 패스트푸드다. 더욱이 그 휴대 면에서는 햄버거와 같이 잡다한 포장이 필요 없다. 알루미늄 호일에 말아서 가져가면 되고, 길거리에서라도 먹고 싶으면 그 호일을 조금씩 벗겨서 뚝뚝 베어 먹으면 그뿐이다. 그야말로 김밥은 한국식 패스트푸드이며 그 가격에서도 물가 짐작지표로 취급될 만큼 극도로 저렴하다. 그런데 언제부턴가 우리식의 당당한 이 김밥이라는 패스트푸드 얘기만 들으면 머리가 지끈지끈 아프기 시작한 것은 필자만의 생각이 아니라고 본다. 사실 듣고 싶어서 듣는 것이 아니라 김밥천국, 김밥나라, 김밥

세상, 김밥사랑 등으로 쓰인 옥외광고물인 '간판'을 접할 기회
가 아주 많아져서 그렇기도 하다. 하겠지만 이 '김밥'이라는 음
식 자체는 더 이상 새로울 것도 없는 흔하디흔한 음식 아닌 '스
낵'이 되어 버렸다.

　얼마 전 실외수영장에 갔을 때 한 가족이 둘러앉아 김밥을
먹고 있었다. 역시 새로울 것도 없는 김밥이라고 생각했지만
그 가족의 김밥은 무언가 달라 보였다. 얼핏 보기에도 3색만으
로 투명노란색의 단무지, 시금치로 보이는 초록색, 그리고 진
노랑의 계란부침이 전부인 듯했다. 그러나 필자는 그 김밥을
구걸이라도 해서 한번 맛을 보고 싶었다. 이미 흔하디흔해진
우리의 스낵이지만 유독 그 김밥에 손이 가려는 의도는 무얼
까? 그냥 지나칠 수밖에 없는 노릇이었지만 입맛이 다셔지는
김밥이 아닐 수가 없었다.

　필자가 어릴 적엔 이 김밥은 1년에 단 3번만 먹을 수 있는
귀한 음식이었다. 우선 두 차례는 누구나 공감하는 날, '봄소
풍날', '가을소풍날'에서다. 소풍 전날 어머니의 그 분주한 모
습에 덩달아 신이 나서 잠을 이루지 못했지만 어느새 잠이 들
고 아침에 일어나면 어머니는 맛있는 김밥을 썰고 계셨다. 그
리고 나머지 김밥 먹는 날은 바로 학교 '운동회'다. 그러나 필
자의 어머니는 운동회까지 김밥을 챙길 시간적 여유는 없었던
것 같다. 그래서 그런지 필자의 어머니는 특이하게도 그 운동
회 날 대신에 바로 겨울방학이 끝날 무렵에 그 김밥을 먹어보
게 해 주셨다. 어머니는 풍성할 것도 없는 재료를 가지고 김밥

을 만들어 주셨는데 '동치미'에 혹은 뜨끈한 '된장국'과 같이 먹는 어머니의 김밥 맛은 정말 잊을 수가 없다. 어머니가 썰어 낼 때마다 썰린 김밥을 집어서 날름날름 입으로 넣은 기억은 너무나도 정겹고 그리운 유년 시절의 이야기가 아닐 수가 없다. 아마 추정컨대 어머니의 그 겨울방학 김밥은 새 학년을 적응키 위한 예비적 보상이 아니었는가 한다.

그러나 현재 이러한 김밥은 필자에게 더 이상 정겨운 김밥이 아니라 지겨운 김밥이다. 물론 필자의 어린 시절보다 더 맛있는 재료들이 많이 들어간 업그레이드된 김밥이라 하더라도 지겨운 것은 마찬가지다. 요즘 우리가 먹는 김밥은 그 영험한 '아우라(Aura)'가 없다. 특별할 것도 없는 김밥을 마치 햄버거로 한 끼를 때우는 것과 같아진 것이다. 80년대 미국식 패스트푸드가 부러워서 우리식 패스트푸드인, 김밥의 선전에 현재 박수를 보낼 만하지만 무엇이든 흔해지거나 보편적으로 양산시켜 버리게 하는 자본주의의 생리에 대하여 좀 못마땅한 마음이 든다. 물론 그 중심에는 '광고'라고 하는 그 양산의 촉진물이 있기도 한데 그렇다고 해서 광고를 비난하려는 의도는 전혀 없다. 왜냐하면 필자도 자본주의의 광고시스템을 때론 만끽하면서 살고 있음을 체감하기 때문이다. 그런데 명백한 것은 요즘 길거리 어디에서건 김밥을 손쉽게 접하게 되는 김밥간판은 오히려 그 귀했던 김밥을 더 먹기 싫게 만든다. 물론 그 입맛에 고상을 떠느라 그러는 걸 수도 있겠지만 분명히 현재의 김밥은 특별한 날 먹게 되는 음식이 아니라 시간이 없어서 간편하고 저렴하게 때우고 마는 그 성인병덩어리의 햄버거와 같은 존재가 되어 버렸음이 많이 아쉽다.

혹자는 현재 김밥은 물가의 지표로서 서민들의 당당한 음식으로 그 가치가 다르다고 한다. 그래서 필자의 그 배부르고 한심한 입맛에 혀를 쯧쯧 차겠지만 그 수영장에서 한 가족이 먹었던 그 영험한 김밥과 그 길거리에서 흔한 김밥과의 차이는 분명 다르다. 한 번 무례를 범하여서라도 그 가족들이 정성스럽게 준비해 온 김밥을 느껴 보지 못한 것이 너무나도 아쉽다.

누군가에게 식사 대접으로 김밥을 사준다고 하면 좋아할까? 싫어할까? 김밥이 이미 천국인 나라에서 김밥접대는 결례가 되지는 않더라도 신나는, 기대되는 식사시간은 결코 아닌 듯하다.

6. 최진실과 김연아

김연아 씨의 광고 내용대로라면 과거 이런 용기의 음료는
모두 방부제, 색소, 안정제(?)를 첨가한 몹쓸 액체다.
광고는 늘 이렇게 자기부정을 일삼는다.
한 항균비누 회사는 고체비누는 더러워지고
물러질 수 있기에 액체비누를 쓰라고 한다.
그리고 고체 항균비누도 같이 광고한다.

이제 고인이 되어 버린 최진실 씨는 광고를 통하여 우리에게 다가온 연예계의 크나큰 인재였다. 당시 최진실 씨에 대한 이미지는 어려운 집안 형편을 일으킨 대견스러움과 맞물려 결코 미워할 수 없는 좋은 이미지였다. 그러나 유명해지면 구설수가 꼬이는 법, 그녀도 뭇사람들의 원인모를 입방아에 시달릴 수밖에 없었고 이를 견디다 못 해 다시는 돌이킬 수 없는 결정을 해 버렸다. 결국 우리는 그녀를 너무 쉽게 만난 대가에서 비롯된 것이 아닌가 한다.

그녀가 신인연예인일 당시만 해도 우리에게는 연예인과 소통하기가 그리 쉽지 않았다. 그녀와 만나는 매체는 오직 4가지뿐인데 TV, 신문, 라디오, 그리고 잡지 말고는 좀처럼 보기 힘들었다. 이 매체들은 우리에게 전달은 쉽지만 우리의 의견이 그녀에게 전달되기란 어려울뿐더러 시간이 다소 걸리곤 했다. 그러나 그녀의 인기가 절정에 이를 무렵 '인터넷'이라고 하는 신기한 매체가 등장했으며 이 매체는 연예인들에게 보다 친근하게 다가갈 수 있는 신기원을 제공했다. 그러나 때론 기분 나쁘게 다가오기에도 쉬워서 그 매체의 존재가 싫어질 때가 많았다. 아니 많다. 그리고 그녀는 결국 그 기분 나쁜 매체를 통한 소통에 의연하게 대처하지 못했다. 그래서 우리는 그녀를 더 이상 그 어떤 매체에서도 볼 수가 없게 되었다. 사실 그녀가 우리에게 친근하게 다가오기 위하여 멋있기만 한 드라마도, 어려운 영화도 아닌 쉬운 광고라는 것으로 처음 인사했지만 그 쉬운 만남을 우리는 그야말로 쉽게 취급한 나머지 너무나도 어처구니없게 멀리 보내 버렸다.

최진실을 필두로 우리나라 광고계를 휩쓴 여성광고모델은 세련된 도시여성으로서 '콜라'광고별똥처럼 등장한 심혜진 씨, 발랄한 여대생의 매력을 한껏 담고 등장한 김지호 씨, 귀여운 여동생 가수 장나라 씨, 성숙된 여성미가 대단한 가수 이효리 씨, 영화배우인데 오히려 광고유명세가 더한 전지현 씨, 한 아파트 이미지의 전부가 되어 버린 이영애 씨, 그리고 요즘 너무나도 씩씩하고 당찬 김연아 씨에 이르기까지 광고에서의 여성모델은 당시에 상업적 여성미를 친절하게 알려주곤 했고 현재도 그렇게 되어 가고 있다. 그런데 이러한 우리 광고모델에는 공통점이 있다. 바로 광고라고 하는 것이 마치 드라마나 대중가요, 영화와 같이 유행을 탄다는 것이다. 다시 말해 광고에 유명스타의 등장은 상업적으로 당연한 것으로 제품유행과 같이 어김없이 맞물려 움직인다는 것이 우리 광고시장의 관례 아닌 관례다.

반면 외국의 경우 광고에 유명스타의 등장은 아주 드문 일이다. 혹여 무명 시절에 방송영상에 등장하기 위해 광고모델로서

출현하기도 하는데 이는 소싯적 에피소드에 불과하다. 다시 말해 이미 유명해진 그 분야에서 한 우물을 파야 그 전문적 가치가 굳어진다는 것이기에 오히려 광고출연을 피한다. 아니 금한다. 아니나 다를까 가끔 번뜩이는 아이디어를 치하하고자 주어지는 외국의 상업광고의 수상작들을 보면 일체 유명한 연예인 등장은 없다. 오히려 그런 광고에 제품과 그 제품을 돋보이게 하는 아이디어만 보일 뿐이다. 결국 외국의 광고란 제품과 인간모델이 아니라 제품과 아이디어와의 은유(恩宥)로 더욱 빛나는 것이다. 그래서 광고모델 전문인인 전지현 씨가 등장한 우리의 상업광고가 세계광고대회에서 수상의 영예를 얻게 될 일은 절대 없는 것이라고 본다.

그러나 알다시피 우리의 광고사정은 다르다. 어떤 분야에서 한번 인기가 있다 싶으면 이른바 '광고장이'들은 그 유명세를 광고에 차용하려고 혈안이 되어 있다. 어떤 연예인은 자신의 인기를 광고모델문의로 가늠한다고 해서 은근히 자랑하기까지 한다. 더욱더 재미있는 것은 그리한 연예인들이 광고를 찍어대는 장면까지 기사거리로, 뉴스로 가공되는 것을 보면 정작 공식 광고시간대에 그 광고공개가 새로운 것도 없는 정보가 되어버리고 만다. 결국 우리의 광고시장의 특성은 아이디어보다 유명인의 인기를 차용하는 것이라고 보는 것이 더 정확하다. 물론 우리의 광고시장의 생리가 그렇게라도 잘 굴러가니 누가 뭐라 말하겠는가 말이다. 그런데 필자의 생각은 좀 다르다. 어떤 분야로든, 어떤 경우로든 유명해지면 그 유명세를 그 분야, 그 경우에서만 시종일관 드러내야 더욱 빛이 나는 것이 아닐까 한다. 어디서나 볼 수 있는 유명세라면 오래가지 못하고 급기야는 금방 질려 하는 것은 누구나 마찬가지 아닌가 한다. 더욱이 광고계의 생리가 소비를 목적으로 하기에 재빠르게 신얼굴을 소비시키려 하는 그 가벼운 '상업성'을 감안한다면 더욱더 그러하다. 사실 그래서인지 광고에까지 특정 연예인의 교태와 호들갑스러움을 진지하고 수준 높게 대중문화로 취급하는 사람은 그리 많지 않은 듯하다. 결국 그게 바로 우리나라 광고시장의 정의다.

2010년 현재 스케이트 선수인, 김연아 씨는 운동선수라기보다는 거의 광고모델에 가깝다. 물론 김연아 씨가 이에 대하여 가자미눈으로 필자를 노려보겠지만 미안하게도 필자는 김연아 씨를 길거리 화장품 포스터에서, 냉방기에서, 요구르트를 마시면서, 자동차를 타면서, 휴대폰을 사용하면서 더 많이 접했기 때문에 그런 눈초리는 사양한다. 그러나 이러한 지적은 그녀의 상업적 인기가 결코 부러워서가 아니라 그녀를 아끼는 마음에서 비롯됨이 더 크기에 부디 이해해 주길 바란다. 현재 어디서나 볼 수 있는 김연아 씨보다 피겨스케이트에 전념하는 모습이 더 아름답고 빛이 난다. 그러나 우리나라에서 이러한 생각은 광고계를 고사시키려는 악덕참견에 불과하다. 얼마 전 김연아 씨는 새로운 광고모델도전의 요량으로 요구르트 광고를 하는 모양이었다. 무방부제, 무안정제, 무색소 등을 강조하며 피겨선수의 용감함보다 한껏 교태를 부렸다.

새로울 것도 없고 신선할 것도 없는 김연아 씨가 또 나왔군.
요즘 가장 유명한 친구니 나올 법도 하지.
그런데 더 이상 귀한 영상 같지는 않군.
어디서나 보니 이제 좀 식상한걸.

무방부제, 무안정제, 무색소가 들어가지 않은 요구르트?
그렇다면 그간 우리는 뭘 마셔댄 거라 떠들어대는 거야.
필요 이상의 '소비자주의(Consumerism)' 문제와 김연아 씨가
관련되는군.
씁쓸한걸.

이미 고인이 되신 최진실 씨는 광고를 통해 친근한 혹은 쉬운 관심대상이 되었었다. 그러나 그녀는 그 관심을 드라마에서 연기력으로 승화시켜 명실상부한 중견 연예인이 되어 있었다. 그런데도 사람들은 그녀를 중견연예인으로서 범접하기 힘든 대상으로 취급하지 않았다. 너무 가까워진 탓에 우린 그녀에게 말실수를 해 버린 것이다. 옆에 있으면 애원이라도 해서 그 말이 실수이었음을 설득하겠지만 이미 그녀는 가까워질 때로 가까워진 우리들에게 큰 충격을 받은 터였고 두 번 다시 되돌아올 수 없는 곳으로 가고 말았다. 그 거대한 인재는 우리와 친해지기 위해 광고라도 마다하지 않고 우리에게 쉽게 다가왔건만 우리는 너무나도 무책임하고 쉬운 말 한마디로 그녀를 자취도 없이 사라지게 만들었다. 아마 그녀와 같은 연예인이 발굴되기 위해서 우리는 몇십 년이 걸려야 다시 만날 수 있을까? 아니, 이 세기에 그녀의 명성과 유사한 자를 만나기는 힘들지

도 모른다.

김연아 씨 지금까지 잘해 왔습니다. 우리에게 스케이트 외의 너무나도 많은 것을 보여주지 않아도 됩니다. 연아 씨 분야에서의 열정적인 모습만으로 우리는 충분합니다. 그러나 광고에까지 등장하여 예전보다 친근해진 연아 씨에 대하여 이를 쉬운 사람이라고 받아들여 누군가가 말실수를 하더라도 부디 의연해 주세요 그럴 거라 믿습니다.

현재 김연아 씨는 과거 최진실 씨가 누렸던 그 오지랖의 광고계 인기에 버금가는 상황이다.

7. 호랑이 흡연하던 시절의 친절한 경찰

용산참사가 있고 난 후 시간이 지나서야 경찰버스 외벽에
경찰광고 사진을 찍으려고 돌아다녔다. 그런데 예전에 필자가 봤던
그 친절한 경찰광고가 부착된 버스는 어디에도 없었다.
그래서 본 상설 입간판을 찍었다.

한 강대교를 지나 용산을 지날 때면 오른편에 한때 경찰 버스가 한 블록을 즐비하게 가리고 있는 장면을 목격할 수 있었다. 그 차량들 외벽에는 이른바 '교통광고'라고 칭하는 경찰 스스로가 보여주는 광고가 있는데 어린이의 해맑은 웃음과 함께 친절함이 극에 다다른 경찰관들이 연출되고 있었다. 사실 그 광고상으로 보면 한국경찰의 이미지는 친절함으로 개념화하는 것 말고는 표현할 길이 없었다. 그런데 문제는 그 차량에 가려 상설로 경찰과 대치하고 있는 '용산참사'[1]의 가족분들은 그 광고에 전혀 동의하지 않을 것이라고 생각된다. 물론 현재는 해결이 되었다고 하지만 그 광고 그대로의 경찰이었다면 해결이고 말고도 없는 일이었다.

경찰가족이 있으신 분들을 제외하고 경찰에 대하여 좋은 이미지를 갖고 있는 사람이 많을까? 아니면 나쁜 이미지를 갖는 사람이 많을까? 아마 운전자라면 경찰관을 한 번이라도 미워

---

1) 원래의 사건명은 '용산철거현장 화재사건'으로 2009년 1월 20일 서울시 용산구 일부 지역(한강로 2가)의 건물옥상에서 철거에 반대하는 시민이 경찰, 경찰용역 직원과 대치를 벌이다가 발생한 화재다. 농성시민 5명, 경찰 1명이 사망했는데 경찰의 지나친 진압 논란으로 검찰수사가 이루어진 사건이다.

해 본 적이 있을 것이다. 사실 경찰은 시민과 친하게 지내야 함이 분명한 논리인데 우리가 경찰을 보는 시선이 그리 곱지만은 않다. 왜냐하면 나의 안전을 위해서 경찰은 늘 보호보다는 통제와 명령으로 시민을 주눅이 들게 만드는 경우가 더 많았기 때문이다. 참 아이러니컬하게도 말이다.

남자라면 어린 시절 멋진 제복을 입은 경찰관을 보고 한 번이라도 경찰이 되겠다는 생각을 품어 본 적이 있을 것이다. 그 반듯한 제복 뒤에 숨겨진 용감함은 대단한 가치였으며 무엇보다 그럼에도 불구하고 약자인, 어린아이들로 하여금 무섭기보다 친절할 것이라는 기대감은 경찰을 더욱 선망하게 만들었다. 그런 이상적인 사람이 되고야 말겠다는 다짐은 거의 미국만화영화 '슈퍼맨'에서보다 더 현실적인 우위모방대상이 될 수 있지 않았는가 한다. 그러나 성인이 된 사람들의 실제 경찰경험은 그 어릴 적 기억과 사뭇 다르다. 바쁘고 고달파서 그런지 믿음 직하지 못하고 둔한 배불뚝이 몸, 형식적인 경례, 불친절한 말투 등등. 물론 특수 임무를 띠는 경찰은 그렇지 않을 것이라고 본다. 그리고 무엇보다 교통법규를 많이 어길 것이라고 예상되는 곳에 몰래 숨어 있다가 나타나는 그 상황은 너무나도 밉고 비겁해서 어린 시절 슈퍼맨에 버금가는 행동과는 거리가 멀다.

한국에서는 군복무를 두 가지로 할 수 있다. 하나는 아직까지 우리의 적인 북한군과 싸우는 '삼군(육군, 해군, 공군)', 다른 하나는 시민과 싸우는 '경찰'이다. 각 방송사와 신문사가 보여준 용산참사 장면은 경찰과 시민이 마치 적으로서 전쟁을 치르듯 서로를 극도로 미워하고 있었다. 경찰은 왜 저토록 시민을 증오할까? 반대로 시민은 또 왜 저렇게 경찰을 경멸할까? 우리 모두 서로 친하게 지내야 옳은 것 아닌가 말이다. 사실 서로 미워할 이유가 전혀 없었는데 죽어간 시민과 경찰의 생명은 무슨 의미인가 말이다. 도시의 새로운 지도자가 들어설 때마다 그 지도자는 그 도시가 자기 소유라고 착각하는 것이 아닌가 한다. 그래서 이 시민과 경찰의 전쟁도 그 착각에서 비롯되어 어처구니없는 죽음을 낳은 것이 아닌가 한다. 다시 말해 그 참사는 도시의 지도자가 도시의 '일꾼'이 아니라 도시의 '소유자'가 된 것이라고 착각한 결과다. 쾌적한 도시가 갖고 싶어서 멋진 아이디어를 내놓고 이를 실천에 옮기다가 된서리를 맞은 격이다. 사실 도시의 원래 주인들은 쾌적하기만 한 마천루를 원하지도 않았고, 지금 그 자리에서 행복하게 살아왔고 살아가고 싶을 뿐이었다. 결국 주인에게 물어보지도 않고 강행된 철거는 분명 그 지도자의 미숙한 리더십의 결과다.

혹자는 이런 말들을 한다. 정 억울하다면 국회 앞이라도 가서 국회의원들에게 자신의 철거반대 소망이 입법화되도록 부탁해 보라고 말이다. 그런데 그게 현실적으로 가능한 방법인가? 오히려 국회위원들도 못지않게 그 지도자가 추구하는 쾌적하기만 한 도시를 원하고 그래서 설득하려 들 것이다. 결국 생계를 꾸려 나가는 방법만 알았던 사람들에게 법적인 절차를 밟아 펜대로 투쟁하라는 것은 너무나도 못된 발상이 아닌가 한다. 용산의 마천루가 가져올 이점이 무엇인가를 재미있게 얘기하기 이전에 그 마천루가 이 도시의 주인 또 몇만 명을 내몰게 될 것인가부터 계산해 본다면 그리 신나는 일만은 아닌 것 같다. 곰곰이 상기해 보자. 대한민국 최고 도시의 지도자에게 우리는 국적도 개성도 없는 직각의 마천루만 즐비한 도시를 만들어 달라고 했는가? 아니면 어려운 경제사정에 좀 나아지게 해 달라고 주문했는가? 이에 대하여 시민들은 그 지도자로부터 느닷없이 거대한 마천루를 화답함에 분노하였고 경찰은 중간에서 시민의 분노를 온몸으로 막아내다가 적이 되어 버렸다. 이 전쟁에 원인을 제공한 원래 당사자는 지금 뭐하고 있을까?

세계적으로 쾌적하다고 소문난 도시를 보면 부럽기 짝이 없다. 그래서 하루빨리 우리나라 도시도 그렇게 바뀌었으면 한다. 그러나 옛 어르신들 말대로 무슨 일이 그렇게 확 바뀔 수 있는 것은 그리 많지 않다. 순리대로, 천천히, 점검해 가며, 진득하게 이루어져야 더 안정적인 변화가 가능한 법이다. 그리고 듣자 하니 그 소문난 외국 도시도 그렇게 거의 100년 넘게 행해 오다가 지금의 행태를 띠게 된 것이라고 한다. 혹시 우리나라 대부분의 지도자들 생각에 자기 안에 과거 '박 대통령'의 비범함이 숨겨져 있다고 착각들 해서 누구 좋으라고 마을길도 넓히고, 초가집도 없애고 하는 것이 아닌가 한다. 결국 용산참사라고 불리는 그때에 동원된 경찰차 외벽엔 그 참사와 사뭇 다른 경찰광고가 있다. 거기에는 도시의 소유주가 '시장'이 아니라 '시민'으로 표현되고 있다. 바로 호랑이 흡연하던 시절의 꿈만 같던 모습으로 말이다.

8. 서구인이 되고 싶으세요

본 비너스 석고는 미술학도라면 한 번쯤은 그려봤을 것이다.
툭 튀어나온 이마, 높은 코, 도톰한 입술 등등 명암의 대조가 확실하여
그릴 거리가 많다고들 한다. 그리고 현재 한국인의 얼굴은
이렇게 변모하고 있다. 이성 취득, 취업, 사회생활, 정치 등등
모든 분야에서 가끔 영화에 등장하는 외계인들의 눈이 왜 그리
클까 했는데 옳거니 우리 한국인들의 미래 진화된 모습이구나.

격동의 조선 말기 '흥선대원군'은 '서구인'들이 우리 땅을 밟는 것을 그토록 싫어한 이유 중에 하나는 분명 그들이 짐승 같은 생김새여서 그렇지 않았을까 한다. 당시 서구인들은 우리의 외모와 너무나도 이질적인 사람들이었다. 그때만 해도 우리 눈에 달라 보이는 사람은 '일본인', '중국인'이 고작이었다. 그러나 이보다 훨씬 괴이한 서구인은 우리보다 큰 체구에 금수와 같고, 털에 더 가까운 누리끼리한 머릿결, 그리고 파랗거나 갈색이어서 어쨌거나 소와 같이 왕방울만 한 눈, 그리고 무엇보다 지나치게 커서 속이 훤히 들여다보이는 큰 코, 그래서 이상한 인간이거나, 아니면 짐승에 가까웠을 것이다. 그런 사람 같지 않은 사람들이 조선을 활보하겠다는 압력은 동물들의 울부짖음에 가깝지 않았을까? 결국 이 무시무시한 외모의 서구인을 일반인들이 대면한다는 것은 무섭기 짝이 없는 결정이 아니었을까 하는 대원군의 애민을 추정해 본다. 그러나 사실 이 서구인들은 중국 역사에서 '원나라' 당시 이른바 '색목인(色目人)'이라 일컬어지며 자국민들의 외모와 분명히 구별했으며 그 구별된 만큼 비교적 관대했다. 급기야는 이

들에게 몽골인에 버금가는 준지배적 정치권력까지 주어 이른
바 '색목인 우대정책'까지 펴게 된다. 그러나 이 색목인들은 원
나라를 지켜내는 데 끝까지 도움이 되지 못했다. 결국 '원나라'
는 기울고 '명나라'가 들어서고 말았다.

무턱대고 서구인들의 외모가 기이해서 이들을 싫어하자는
것도 아니고 그렇다고 해서 그 외모 때문에 엄청난 특혜를 주
자는 것도 아니다. 필자는 과거 우리의 외모관이 어떤 과정을
거쳐 이토록 180도 탈바꿈이 되었는가 하는 것에 재미있어 할
따름이다. 예를 들어 조선시대의 여성미모의 극치라고 일컬어
지던 '황진이'가 정말 영화 속 송혜교 씨의 얼굴일까? 아니면
드라마 속 하지원 씨의 얼굴일까? 함은 한번 우리 사회의 미인
관에 대하여 이야기해 볼 만한 가치가 충분히 있다고 본다. 그
녀들은 소위 V라인 턱 선에, 쌍꺼풀눈에다 얼굴면적에 눈알이
대부분을 차지하는 비율, S라인의 곡선적인 체형의 드러남,
그리고 무엇보다 지나치게 긴 다리와 높디높은 콧대 등등, 과
연 이런 미인이 황진이 일리가 없다고 보는 것이다. 그런데 우
리는 오히려 그렇지 못한, 다시 말해 서구인과 유사하지 않은
자신의 신체를 불만스러워하고 때론 시건방지게 그렇지 못한
타인을 저평가하기도 한다.

'히포크라테스' 선서를 한 사람들이 가장 선호하는 의학 분
야가 바로 '성형외과'라고 함을 본 적이 있다. 그래서 가끔 신
문지상에서 우리 의학계를 개탄스러워한 기사도 기억이 난다.
물론 히포크라테스의 다짐 그대로 병든 자들을 아무 조건 없이

돌보겠다고 했어도 자본주의 사회에서 자본이 되는 것을 선택함은 의사들의 자유다. 그런데 그 자유는 히포크라테스의 마지막 다짐에서 의사의 명예를 받들 만한 자유거리는 분명 아닌 듯하다. 다시 말해 돈이 되는 의술에 지나친 쏠림은 그리 명예스러워 보이지 않는다는 뜻이다. 그렇다고 해서 그런 우리 의학계를 비판하려는 것은 절대 아니다. 왜냐하면. 이 모든 문제가 바로 오래전 우리가 금수와 같이 취급했던 서구인들의 외모를 이제 와서 병적으로 선호하는 사회적 합의 분위기에서 비롯된 것임을 이미 알기 때문이다.

그런데 이 서구인 중에서도 우리가 더 사족을 못 쓰는 인종이 있는데 바로 '앵글로색슨(Anglo-Saxon)'계이며 그 인종에다 미국식 영어가 술술 잘 나오는 입을 가졌다면 우리가 닮고 싶은 최고의 인종이다. 이쯤 되면 우리 사회에서 '미인(美人)'이란 서구인(미국인)을 얼마나 많이 닮아 있는가가 큰 기준이 된다. 어려서부터 손녀의 콧대가 낮아 크면 성형수술을 해 줘야 한다는 '신세대할머니', 취업 때문에 얼굴에 칼을 댄다는 용감한 '여대생', 어디에서건 사람들에게 자신감을 갖길 기원한다는 '성형외과의'에 이르기까지 이들의 '손녀사랑', '자신감', '이웃사랑'은 분명히 그 기원을 알 수가 없는 이상한 감정이 아닐 수가 없는데, 더 재미있는 것은 이러한 기이한 감정 자체가 상업적으로 잘 맞아떨어진다는 것이다.

광고는 항상 새롭고 세련된 스타일을 제시한다. 그리고 외모라는 것도 그 세련된 스타일이 늘 존재한다고 하는데 현재는 그 앵글로색슨계 미국인 외모가 우리 사회에서 가장 세련된 미인이라고 할 수 있으며 광고엔 그 스타일의 미모가 명확하게 권장된다. 이를테면 한 아파트 광고에서 한 엄마가 이 아파트가 최고라고 자랑한다. 그리고 나서 그녀의 자녀들로 추정되는 아이들이 그 아파트 주변 어디에선가 이리저리 뛰어놀고 있는데 그 아이들의 외모는 그 세련된 스타일의 앵글로색슨(미국인)계 아이들이다. 아이들이 즐겁다고 감탄사만 연발하기에 영어 발음이 미국식인지는 알 수 없으나 아마 그런 것으로 추정해 본다. 그리고 무엇보다 놀라운 것은 그 아이들의 엄마가 한국인이라는 것이다. 감을 잡으셨는지 모르시겠지만 그녀의 자녀인 아이들은 토종 앵글로색슨계의 미국 코쟁이의 자녀이니 어찌 이상하지 않을 수 있겠는가 말이다. 아마 그 아이들의 아비가 앵글로색슨계이거나 아니면 이상한 추정이 가능하거나이다.

우리나라에서 상업적으로 연출된 인물 사진, 쇼윈도 등등 모두가 하나같이 앵글로색슨계 미국인종으로 통일되어 있다. 이는 백화점 여성매장에서부터 어린이, 청소년, 남성매장에 이르기까지 모두 그 인종으로 꾸며져 있다. 그래서 우리 사회는 이미 사람의 '미(美)'에 대한 기준을 그 그야말로 미국인에 내맡겨 버리는 것으로 동의한 듯하다. 그러지 않고서야 이렇게 전면적으로 그 인종이 상업화될 리가 없다. 우리가 구한말 그토록 이질적이어서 금수와 동일하게 취급했던 인종이 이제는 우리 사회에서 꿈에 그리는 외모가 되어 우리 원래의 건강한 피부색을 '촌발' 날리는 황색으로, 깔끔한 눈매를 재미없는 눈으로, 그리고 무엇보다 튼튼해서 굵은 다리를 저주의 다리로 취 만들고 말았다. 이는 일찍이 자신의 육체를 거부하고 백인, 그 것도 유독 앵글로색슨계들의 육체소유를 최초로 완벽하게 실 천한 이른바 '인종변경자', '마이클잭슨'과 다를 바가 없다. 물 론 팝의 황제라는 좋은 별명도 있지만 말이다.

필자는 학창 시절 그림 그리기가 좋아서 그리기의 기초라고 할 수 있는 '소묘'라는 것을 배운 적이 있다. 4B의 진한 연필 로 '석고상'이라고 불리는 하얀 두상들을 그대로 표현하는 것 이었다. 처음 시작한 것이 어떤 인물의 각진 얼굴이었는데 아 마 '그리스도 각상'이라고들 했다. 그를 그린 이후부터, 아그리 파, 비너스, 줄리앙, 몰리에르 등등 모두 서구인의 얼굴을 그 려야 했다. 그러던 어느 날 필자는 이들의 얼굴과 필자의 얼굴 이 너무나도 다르다는 것을 깨달았다. 낮은 코, 쌍꺼풀 없는 눈, 밋밋한 이마, 그리고 무엇보다 전체적으로 촌스러운 분위 기에 문제제기를 시작했다. 그러고 나서 필자는 그 두상들에 하나도 부합되지 못한 필자의 안면을 불만스러워하기 시작했 고 필자를 포함한 한국인 모두는 그 서구인들에 비해 열등한 외모를 갖는 종족이구나 하는 어처구니없는 '미인관'을 내려 버렸다.

우리는 우리 사회의 현재의 '미인관'이 당연하고 심지어는 정당하다고들 한다. 그러나 이는 오로지 우리가 우리에게 최면 을 거는 관념장난에 지나지 않는다. 그리고 무엇보다 이 장난 은 아주 어렸을 때부터 우리의 교육자들의 무심함에서 기인한다. 결국 그 무심함의 빈자리엔 수많은 상업성들이 앵글로색슨계 미국인 혈통을 채워 넣고 있는데 어느 누가 그 재미있는 '가면놀이'를 마다하겠는가 말이다. 오늘도 많은 광고에서는 입을 다문 채로 우리에게 이렇게 눈치를 주고 있다.

"서구인이 되고 싶으세요?"

9. 민족 대이동이 뭐 자랑거리인가?

우리의 명절 레퍼토리는 뻔하다. 양산된 선물세트를 골라 자가용에
온 가족과 함께 싣고 톨게이트를 빠져나간 다음 장시간 고속도로에서
시간을 보내고 고향 분들을 아주 잠깐 보면 다 끝난다.
정말 자랑스러운 우리 문화인 것 같다. 그 간단한 문화에
세계인들이 무척 부러워할 것 같다.

우리나라에는 아주 큰 양대 명절이 있다. 하나는 음력으로 새해를 맞이하는 '설날', 그리고 또 하나는 가을철 거두어들인 첫 농산물에 대한 감사를 조상께 전하는 '추석'이다. 그런데 이 양대 명절 즈음 되면 우리나라 도로는 거의 소화불량에 걸린 듯 더디고 교통체증이 말이 아니다. 조상께 감사 표시의 시간은 아주 잠깐, 그리고 고향으로 가거나 돌아오는 시간이 더 길어서 거의 명절 이꼴 스트레스라는 공식이 되어 버렸다. 아니, 어떤 경우는 그 고향 찾기가 가정불화의 원인이 되기도 하는데, 아내는 이렇게 고생해 가며 꼭 그 먼 고향에 가야 하는지, 가서도 부엌일을 시종일관 해야 함은 우리나라 여성에게 공포에 가깝다. 그리고 남편은 '귀향' 혹은 '귀경'이라 일컬어지는 대이동의 '운전사'로서 거의 20시간 이상 운전하게 되며 그러다 보니 명절 내내 피곤하기는 마찬가지다. 그렇다고 해서 우리의 소중한 문화, 명절을 이 피곤함과 공포 때문에 중단하라고 할 수도 없다. 왜냐하면 명절날 고향 방문을 포기하거나 외면한 여행계획은 부모는 뒷전이고 자기만 아는 그야말로 '못돼 처먹은 자'로서 인구에 회자될 형벌이 더 무섭기 때문이다.

'모세'가 광야에서 그 대이동을 이끈 것처럼 물만 안 갈라졌지 매년 되풀이되는 이 민족대이동 즈음되면 우리는 광고를 통해 명절이 가까워졌음을 감지하곤 한다. 이 민족대이동을 치르게 하는 설날, 추석은 광고를 통해 '새해', '한가위'라는 미사여구로 변장하고 즐거운 '가족주의'가 강조되곤 한다. 유독 이때 이웃, 친척 그리고 무엇보다 부모님께 감사의 마음을 전해야 하는데 바로 '덕담'만으로는 부족하다. 그래서 민족의 대부분이 서울(수도권)에 살면서 바쁘고 힘든 도시생활이니 광고가 정해 준 계급에 따라 아주 친절한 가격대로 양산물건을 편하게 싣고 떠나면 된다. 물론 어렵게 방문한 자식, 며느리, 손자들 그 자체의 선물만 한 선물이 있겠는가 말이다.

> "새해 복 많이 받으세요."
> "즐거운 추석 되세요."
> "그리고 이것도 받으세요."

그렇다고 해서 고달프기만 한 명절을 즐겁게만 묘사하는 광고를 지적하고자 하는 것은 결코 아니다. 왜냐하면 명절 때 광고의 호들갑은 어제오늘의 일도 아니고 특히 설날과 추석에 비견될 만한 우리 민족의 또 하나의 최대 명절 '성탄절'은 광고의 분위기상으로만 본다면 거의 3대 명절에 속한 지 오래다. 그래서 이 3대 명절은 헌정 이후 광고의 끊임없고 적극적인 바람잡이가 아니었으면 이토록 다채롭지 않았을 것이다. 결국 문제는 그 즐겁지만은 않은 명절을 즐겁게 만들어 주는 광고가 아니라 즐겁지만은 않은 그 민족대이동을 우리는 왜 하게 되었는가 하는 것이다. 굳이 자랑거리라고까지 여기지 않을지도 모르지만 명절 기간 동안 뉴스는 부모를 뵙기 위한, 덕담을 전하기 위한 그 처절한 귀향 노력을 높이 평가한다.

현재 고인이 되신 16대 대통령 '故 노무현 대통령'은 대통령 당선 전 공약으로 국토균형발전의 '수도 이전'을 내세웠다. 꽤 일리가 있는 공약이었고 국민의 상당부분이 반대하지 않은 것으로 기억된다. 그런데 당선 이후 서울 시민들은 그 공약 이행을 그리 달가워하지 않았고 대선에서 패한 '한나라당' 역시 탐탁지 않아 했다. 그러고 나서 추진된 것이 충청지역의 '계획도시 구상'과 '정부부처 전국 이전'이었다. 이유 있는 반대와 반목이 있었음에도 불구하고 추진된 적절한 조치라고 본다. 결국 우리의 국토는 지나치게 서울 위주로 편중되어 있는 것이 사실이며 그 체감은 언제 어디서든 간접적으로 나타나지만 직접적인 체감은 바로 이 두 명절 때다. 사실 우리 국토의 균등한 인구분포는 명절 때 고향으로 인구 이동된 상태 바로 거기서 "얼음" 하면 된다. 이들이 그토록 그리워서 찾은 고향에 머무는 동안의 국토 인구분포는 비교적 균등한 상태라고 여겨지는 것이다. 뭐든 그럴듯한 것은 죄다 서울에 갖다 놓다 보니 그 '이촌'되어 '향도'되는 현상이 아직도 멈추지 않는 것이고 그래서 국민의 대부분이 서울 부근에 살아야 한다는 이데올로기에 사로잡혀 있는 것이다.

물론 이들의 향도로 비롯된 귀향길을 막을 수는 없다. 작년도 올해도 그리고 내년에도 이 일시적인 인구의 균형 상태는 계속될 것이다. 그런데 분명 그 일시적 이동이 우리 민족의 자랑할 만한 가족주의 문화라기보다 국가정책이 빚어낸 기이한 '나그네 쥐'와 같아 보이기에 이상하지 않을 수가 없는 것이다. 우리나라 정책 입안자들의 모교들이 즐비한 곳, 바로 미국의 경우 우리가 알고 있는 수도 '워싱턴(Washington, D. C.)'은 미국에서 가장 내세울 만한 도시이긴 하나 국가의 모든 좋은 조건을 다 가지고 있지는 않다. 이를테면 정치에 관하여는 물론 그 워싱턴이지만 문화는 '뉴욕(New York)'이다. 그리고 그 문화 중에 영화산업의 메카는 서부의 로스앤젤레스(Los Angeles)다. 교육은 '보스턴(boston)'을 따라갈 도시가 없다고 한다. 그리고 세계 3대 미항이라 손꼽을 정도의 '샌프란시스코(San Francisco)'는 아름답기만 한 것이 아니라 미국 서부의 경제중심이라고도 한다. 아마 모르면 몰라도 미국 건국 당시 지나치게 북부에 위치한 수도를 남부인들을 위해 다소 아래인 워싱턴으로 결정하여 조성한 것만 봐도 그들의 인위적 국토 균형 의지를 알 수가 있다. 아니면 말고.

그러나 우리는 정치, 경제, 문화, 교육 모두가 서울에 몰려 있다. 이는 결코 자연스러운 우연이라고 할 수 없으며 설사 자연스러운 우연이라 하더라고 미국처럼 인위적으로라도 애초에 조정했더라면 이토록 고달픈 고향방문은 막을 수 있지 않았을까 한다. 이를테면 내 고장에서 자라고, 내 고장에 대한 자부심을 배워, 원한다면 내 고장의 대학을 나와, 내 고장에서 직장인이 된다면 이러한 문화습득이야말로 진정 자연스러운 풀뿌리 민주주의가 될 수 있지 않을까 한다. 필자가 아주 짧은 기간 동안 미국 소도시의 한 대학을 방문했을 때 그 대학은 세계적인 노벨문학상 수상자가 그 지역출신이라는 것만으로도 자랑스러워했고 무엇보다 그 대학이 그 자랑스러운 '촌'에 있음을 자랑스러워했다. 아니나 다를까 그 지역에서는 우리나라에서만 유명한 하버드 대학 출신의 전문가보다 그 지역에 위치한 대학 출신자가 더욱 인기 있고 그 대학 출신자를 더욱 신뢰하고 있다는 말에 숙연해졌다. 아마 우리의 정책입안자들은 그 맹목적인 미국식 제도도입 말고 왜 이런 건 따라하지 않으려는지 모르겠다.

명절 때마다 벌어지는 '나그네 쥐'와 같은 우리의 민족대이동은 더 이상 자랑거리가 아니다. 사실 요즘은 이 민족대이동 명절 때만 나타나는 현상이 아니라 출퇴근 때 더 징하게 나타나니 더더욱 자랑거리가 아닌 창피한 우리 서울이다. 결국 우리의 이 피곤한 거대 이동은 오히려 국토를 기형적으로 변형시켜 와 쉬쉬하며 숨겨야 할 창피한 우리 문화가 아닌가 한다. 큰 야망을 품지 않아도 내 고향에서 교육을 받고, 내 고향에서 중산층으로 손색없이 사는 것에 전혀 문제가 안 되는 미국인들이 부럽다. 이것도 맹목적인 미국사랑이겠군!

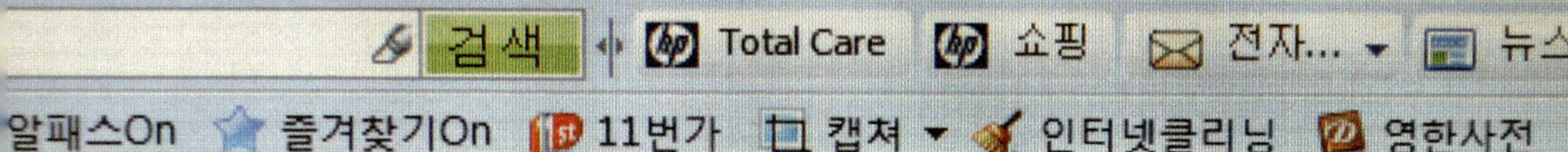

✽ 위 표의 모든 학과(부)는 영어(또는 기타 외국어) 강의 의무 학과임. 단, (*)표시된
함.

2. 지원자격

■ 전임교원
  가. 사립학교 교수 임용 및 본 대학교 교원인사규정에 결격사유가 없는 분
  나. 서류 제출일 현재 박사학위 소지자
  다. 영어(또는 기타 외국어)로 강의가 가능한 분
     (초빙 분야 및 인원의 표에 (*) 표기된 학과(부)는 예외로 함.)

10. 가짜 영어수업

한 대학의 인터넷상의 교수 모집공고다.
모든 학과에 지원 자격부터가
영어 강의를 할 수 있는 한국인을 뽑으려고 한다.
차라리 미국인을 뽑는 것이 더 설득력이 있지 않을까?

필자가 학부 시절 미국대학에서 아주 짧은 기간 동안 공부할 수 있는 기회가 있었다. 영어를 잘 못 하는 필자는 매 수업시간이 여간 힘든 일이 아니었다. 그러던 어느 날 이런 필자를 보고 그 대학교수님께서는 교재를 한 번 읽고 수업에 들어오라고 하셨다. 사실 그 제안은 공부의 기본이 아니었던가 싶다. 그 교수님 제안에 기꺼이 따른 나는 수업을 한결 알아들을 수 있었다. 그래서 그 당시 하나 깨닫게 된 것은 교수님이 매 수업마다 떠먹여 주는 수업이 아니라 내가 한 번 밥상을 차려보는 '예습'의 중요성이었다. 그런데 이는 이미 필자가 초등학교 시절부터 선생님들로 하여금 누누이 들어왔던 학습방법이 아니었던가 말이다. 결국 우리 선생님들께서 권장했던 학습방법, '예습'이 필자의 섣부른 판단으로 그간 거부당해 왔던 것이고 이를 잊고 지낸 초·중고교 시절이 아까울 따름이었다.

당시 얼마간의 영어로 된 수업을 어렵게 들은 터라 한국에 돌아와 한국어로 강의해 주시는 교수님들의 수업이 얼마나 반갑고 좋았는지 몰랐다. 그리고 예습이라는 것이 뭔지 알고 나서 알기 쉬운 우리말의 교재를 읽으면서 우리글로 쓰인 전공서적에 대한 고마움도 새삼 깨닫게 되었다. 그러나 아직 번역이 되어 있지 않은 전공분야이거나 정말 최근에 쓰인 외국연구서라면 다소 불편하더라도 번역해서 이해해야 하는 것은 당연한 것이 아닌가 한다. 그래서 그 해석의 노동을 감수하며 읽어보곤 했다. 그런고로 우리가 대학에서 영어를 접해야 할 이유는 몇 가지가 있는데 그중 하나는 학문적으로 앞서 있는 국가, 특히 영어권에서 개발된 기술, 현상, 제도, 연구 등을 접하는 것, 또 하나는 그러한 그들과의 소통을 원활하게 해야 할 때라는 것이다.

그래서 유명하다고 말하는 외국의 대학에서는 유명한 선진석학을 모셔다가 학생들의 수업현장에 바로 투입시켜 그 신학문의 필요성을 더욱 강조하곤 한다. 다시 말해 영어수업은 굳이 강조하지 않아도 자연스럽게 형성되는 것이거나 어떤 경우는 석학 스스로가 학문전달의 소명의식으로 현지어에 대한 개념화 노력도 아끼지 않는다. 결국 자국에서 한 번도 교류되지 못한 그 전공분야가 그 석학으로 하여금 학생들에게 실시간으로 전달되는 것이고 여기서 영어는 수단에 불과하다. 그러나 겉으로 보기에는 영어수업처럼 보인다. 그것도 모자라서 그 수업에 목말라 한다면 그 분야를 전면적으로 공부할 수 있게 '유학'을 떠나는 것이다.

그런데 문제는 국내에서도 이와 유사하지만 그 본질과는 너무나도 동떨어진 '가짜영어수업'이 이루어지고 있다는 것인데 이미 이 가짜영어수업은 마치 대학의 수준을 광고하는 수단에 머물러 있어서 더욱더 한심할 따름이다. 본디 광고란 제품을, 서비스를 가장 돋보이게 하는 방법론 중에 하나다. 따라서 한국대학에서 '영어수업'은 대학의 수준을 가장 돋보이게 하는 한국인 교수의 능력, 즉 한국인 교수 영어 강의를 은근히 자랑하는 광고로 활용된다. 그런데 그게 진정 광고거리인가? 그 광고 의도와 속내를 살펴보면 그 자랑이 그야말로 자랑 그 이상도 이하도 아니라는 것을 알 수가 있다. 현재 서울에서 일류를 다툰다는 대학들이 전공마다 이른바 '영어수업'을 내세우며 자랑스럽게 과시하고 있다. 그런데 한 번 곰곰이 생각해 보자. 도대체 한국인이 왜 영어로 강의를 해야 할까? 그것도 외국학생이 아닌 한국 학생들에게 말이다. 학생들도 자기 전공에서 굳이 영어로 강의를 듣고 싶다면 외국인 전공교수로부터 더 질 좋은 영어수업을 수강하면 될 터인데 왜 민망한 한국인들끼리의 이상한 영어수업을 행하는 것일까 하는 것이다.

사실은 우리끼리 우리말로 하면 더 원활하게 이루어질 수업을 굳이 영어로 한국인 교수와 한국인 학생들이 진행하고 있는 것은 마치 요즘 유치원생들이 영어실력을 과시하는 '영어말하기 대회'나 '영어연극무대'와 유사하다고 본다. 더욱이 웃지 못할 것은 극도로 세련된 연구 분야도 아니고 특별할 것도 없이 너무나도 일반적인 개론 정도의 수업을 영어로 한다는 것이다. 손만 뻗으면 우리나라 교재가 도처에 널린 과목을 교수님이나 학생이나 미국어와 흡사하게 발음하려고 노력하는 것을 보면 다소 안쓰럽다. 그리고 무엇보다 궁금한 것은 과연 이러한 광경을 본 외국인(특히 미국인)들은 어떤 생각을 할까. 영어에 대한 필요성을 강조하고 있는 한국대학교육의 '실사구시'를 높이 평가할까? 아니면 명분도 없고 외국인 학생 한 명도 없는 가운데 어줍지 않은 영어로 한국인들끼리 영어 말하기 하려고 애쓰는 것이 우습다고 하지는 않을까 한다.

다시 처음으로 돌아가 필자가 미국에서 체류할 때 들은 얘기가 있다. 미국 로스앤젤레스 한인거주지, 일명 '코리아타운'에서는 특히 음식점에서는 한국인이 영어로 주문하면 어르신들에게 꾸지람을 듣는다는 얘기를 흘려들었다. 설마 그러실까 하지만 추측하건대 그 이유 중 하나는 말이 잘 통하는 한국인들끼리 이유 없이 영어를 쓰는 모습이 몹시 우스워서이고, 또 하나는 이미 우리나라의 경상도, 전라도지역과 동일하게 취급되는 그 현시점에서 그 지역에 한국어를 통용하게 하는 것은 일말의 '애국심'에서일지도 모른다는 것이다.

몇 해 전 이명박 대통령직 인수위원장의 한마디가 '영어몰입교육' 논란을 불러일으키며 최대 유행어가 된 단어가 있다. 바로 '오뤤지'라는 영어단어다. 인수 위원장이 과거 미국방문 시 자신의 '오렌지' 발음을 미국인들이 알아듣지 못하기에 우리나라 영어교육에 문제점이 있다는 것으로 이른바 '오뤤지'사건 사례를 들었던 것이다. 물론 인수위원장께서 그 하나만으로 우리나라 영어교육의 문제의식이 싹튼 것은 아니라고 본다. 그러나 이러면 어떠했을까 한다. 그 미국인에게 한국어를 소개하는 소명으로

“영어로 오륀지는 한국어로 오렌지입니다.”라고 말이다. 우리는 항상 미국식 영어발음에 대한 지나친 동경을 갖고 산다. 그래서 영어를 우리보다 훨씬 능숙하게 구사하는 진정한 우리의 이웃나라, 싱가포르, 말레이시아, 필리핀 등 친구들의 실력을 무시하곤 한다. 우리의 그 지나친 ‘미국주의(Americanization)’를 비판하지 않을 수가 없다.

하나 더 덧붙이자면 필자가 대학 시절 한국에서 초·중·고등학교 그리고 대학을 나왔지만 미국에서 최종학위를 받으신 교수님의 강의를 수강한 적이 있다. 그 교수님은 1학기 내내 수학기호 β(베타)를 ‘베라’라고 발음하시는 것이었다. 미국에서 공부하셨기 때문에 그 발음이 익숙해서 그런가 보다 하고 이해했다. 그런데 문제는 그 교수님께서 실수로 그 ‘베라’를 ‘베타’라고 발음할 때가 두 차례 있었던 것으로 기억된다. 결국 그 교수님의 그 수학기호의 발음이 ‘베라’가 진정 익숙해서인지 아니면 말로 꺼내기에도 민망한 그 미묘하고 따끈따끈한 미국영어발음 과시를 학생들한테 했던 것인지 조금 우습지 않을 수가 없다. 지금은 비교적 세월이 많이 흘러서 그 교수님의 ‘베라’발음이 한국식 발음 ‘베타’에 더 익숙해지셨을 때도 되지 않았을까 한다. 아니면 여전히 무슨 이유에서인지 모르겠지만 ‘베라’라고 쓰실 수도 있고 말이다.

현재 우리 사회 통념상 일류대학이라 칭하는 대학들은 각 전공 내에서 영어수업을 대단한 전공시스템인 양 광고하고 있다. 그런데 그 영어수업은 명분 없이 이루어지는 영어 말하기 대회

장이라고 해도 과언이 아니다. 왜냐하면 한국어에 너무나도 능숙한 한국인 교수님과 한국 학생들이 아무 이유 없이 영어로 수업을 하기 때문이다. 참! 한 가지 중요한 이유가 있긴 한데 그 이유는 우리가 알고 있는 영어의 그 미국식 발음을 얼마나 알고 있는가의 경연장으로 그 수업을 볼 수도 있는 것이다. 그래서 그 미국식 발음을 많이 알고 있는 일부 학생은 그 수업을 재미있어 하고, 일부 학생은 뭘 배웠는지 모르겠다며 한 학기를 보낸다. 정말 이상한 교육이 아닐 수가 없는데 정작 그 '오륀지수업'을 해서 그 대학의 세계적 순위가 상향 조정되었는지가 몹시 궁금할 따름이다.

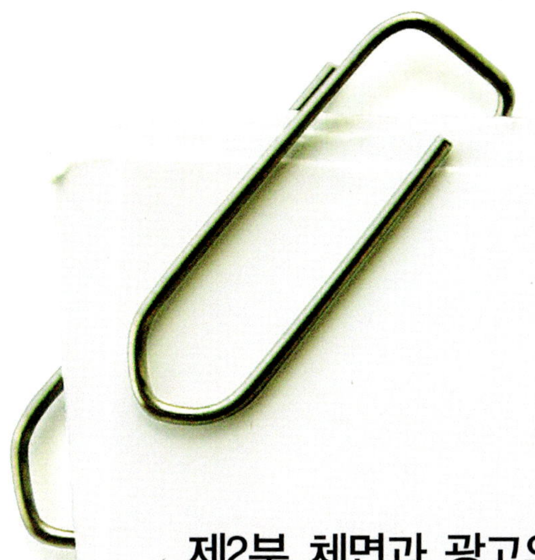

제2부 체면과 광고의 탁월한 만남

우리나라 사람들은 '체면'이라고 하는 몹쓸 버릇이 있다.
이는 자신을 평가할 때 타인에 의한 자신평가가 중요하다는 것
인데 바로 남의 눈이 너무너무 중요하다는 것이다. 그리고 이러
한 우리 문화는 광고가 자생하기에 너무나도 좋은 문화사회적
환경이다.

11. 자기, 나 콘크리트 닭장에 살아

우리 도시들에는 이렇게 아파트가 가득하며 세계에서도 유일하다.
필자가 예견컨대 앞으로 우리 도시관광에
이 아파트 투어 코스도 분명히 개발되고야 말 것이다.

우리나라 도시를 소개하는 광고를 보면 꼭 빠질 수 없는 장면이 바로 '기와'지붕이 멋있는 '한옥'이다. 그런데 우리나라 국민 99.9%가 그 한옥에서 살지 않는다. 그럼에도 불구하고 우리는 어김없이 우리의 도시 외형의 그럴듯한 과시에서 꼭 그 '기와'가 놓이고 '단청'이 멋들어지게 그려진 한옥을 등장시키고야 만다.

얼마 전 연구차 우리나라에서 몇 안 되는 한옥마을로 알려진 '북촌 한옥마을'을 방문했었다. 서울 종로구 '삼청동', '가회동', '재동' 일대에 위치한 이 희귀한 지역은 너무나도 이상해서 이질적이기까지 했다. 우선 첫 번째 이상한 점은 한옥의 아름다움을 우아하고 고즈넉함이 강점이라고 하지만 한옥들마다 다닥다닥 붙은 그야말로 해방촌과 다를 게 없는 빽빽한 한옥주택가였다. 두 번째는 대문 틈으로 애써 들여다본 내부구조에서 과연 필자가 기꺼이 아무 불평 없이 여기에 살 수 있을까 하는 것이었다. 그리고 마지막 세 번째는 주차를 어디에 해야 할지 하는 것이었다. 막상 현재 필자가 살고 있는 공간(아파트)과 비교해서 그 한옥의 기거현실 가능성을 상상해 보니 끔찍했음은 물론이고 하루도 못 살고 뛰쳐나왔을 것 같았다. 그래서 그 '한옥들'한테 미안했고 무엇보다 그 한옥들에서 기꺼이 살고 계신 사람들에게도 매우 죄송했다. 필자는 우리 문화에 대하여 왜 이렇게 성숙되지 못한 미숙한 생각이 앞서 있는 것일까? 서울시의 자랑스러운 관광거리로 알려진 이곳에 필자는 왜 그토록 미안해했을까 말이다.

얼마 전 서울시는 600년 '고도(古都)'임을 기념하기 위해 '하이 서울페스티벌'이라는 행사를 개최한 적이 있다. 아니, 앞으로 매년 개최하는 것으로 알고 있다. 사실 당시 그 행사를 관람하여 서울시에서 그냥 치르는 행사이겠거니 했지만 600년이라는 고도로서의 서울을 기념하는 궁극적인 목적이 있다는 것에 놀랐고 서울이라는 도시가 정작 그 600년을 드러낼 만한 외모인가 하는 것에 또 한 번 놀랐다. 이는 다시 말해 서울시의 건축물들은 그 고도에 걸맞은 외형이라기보다 이미 마천루가 90% 이상을 차지하고 있으며 서울시민 대부분은 그 마천루에서 터를 잡고 있다. 다시 말해 물리적 외형에서도 '아파트'라고 하는 그 직각의 규격화된 건축물에서 주로 거주한다는 것이어서 정작 시민들 대부분은 자신이 사는 곳이 '고도(古都)'임을 느끼지 못한다는 것이다. 그래서 600년을 기념하는 행사는 그 공감 자체가 생소하며 이질적이기까지 한 것이었다.

우리나라 도시, 특히 서울도시의 물리적 외모, 즉 대표적 건축물은 단연 '아파트'다. 그래서 사실 '한옥'은 결코 아니다. 유럽도시들처럼 대부분의 시민들이 실제 그 오래된 고전 건축물에 기거하고 생활하는 것처럼 우리도 여전히 한옥기거가 일반적이라면 단연 우리 도시의 상징은 '한옥'이다. 그런데 우리는 더 이상 그 우아한 한옥에 살지 않는다. 그래서 600년 기념행사에 참여하는 시민은 그 행사취지를 느끼지 못하는 것이다. 애초부터 우리 도시의 주권이 정부 혹은 기업으로 넘어간 이후에 우리 도시의 외모는 철저하게 '고도'에서 '신도시'로 변질되어져 버렸다. 이젠 시민들 스스로도 자신의 주거지조차 개성을 담으려 하지 않는다. 그 개성은 '건설경기'라는 새로운 경제개념 호황을 누린 후 끊임없이 그 순환을 유지시켜야 할 목적으로 기업수중에 들어가 버렸다. 기업의 그럴듯한 유럽풍, 스위스풍, 유비쿼터스풍, 자연생태풍, 프리미엄풍 등으로 직각의 아파트를 만들어 놓으면 시민들은 이를 골라먹는 재미만 누릴 뿐이다. 더 이상의 주거지 개성은 귀찮은 주제가 되어 버렸다.

그래서 이제는 그야말로 '주택'을 광고하게 되었는데 과거 건설기업 자체의 건설능력만을 광고하는 '기업PR'이 그 건설사가 생산하는 아니 양산하는 주택, 즉 아파트를 광고하기에 이른 것이다. 기왕 광고의 대상이 되어 버린 주택이라면 일반 공산품과 똑같이 취급해야 함은 당연할 터인데 그래서 한국 사회에서 주택이란 대량생산, 브랜드, 그래서 몰개성의 대명사가 될 수 있는 것이다. 이를테면 '그녀의 프리미엄'이라는 주택광고의 메시지는 우리 사회의 그 프리미엄의 대상이 특별할 것도 없이 수많은 '그녀'가 양산되는 아파트이기에 몰개성브랜드를 취득하는 것이다. 특히 얼마 전 사람들로 하여금 핀잔을 듣는 주택

광고는 바로 한 여성이 약혼자에게, 초등생이 그 초등생 친구에게 한 건설사가 지어준 아파트에 산다는 것을 공지하듯 자랑하는 광고였다. 윗집 아랫집, 대각선으로 윗집 아랫집, 그리고 그 대각선의 윗집 아랫집 모두 새로울 것도 없이 모두 동일한 크기에 동일한 구조에 사는 것을 자랑하듯 알리는 것이다.

사실 어찌 보면 우리나라의 이 아파드는 극도로 합리적인 주택형태가 아닌가 하여 장려할 만하다. 왜냐하면 극도로 아름답게 꾸며 놓았다고 하는 주변 정원을 몇 천 세대가 공유하는 것만 봐도 합리적이지 않을 수가 없다. 그런데 이상하게도 그 합리성은 한국에서만인 것 같다. '파란 눈'들로 본 그 합리성은 오히려 몰개성이니 자랑스러워하는 그 자체가 신기하지 않을 수가 없다. 이미 서구에선 이 아파트라는 주택이 도시의 흉물로 자리 잡은 지 오래여서 그 양산을 강하게 회의적으로 바라보고 있으며 시민들로 하여금 주거지로도 인기가 없다. 그런데 우리는 그 인기가 식을 줄을 모르며 오히려 부러워하기까지 하니 우리식 이데올로기란 참 대단히 오래간다.

흔히들 우리는 외국인들에게 우리의 역사가 5,000년이 넘는다고 떠들어대고 우리가 살고 있는 특히 서울도시는 600년이 넘는다고 그 전통을 과시한다. 그러나 우리는 기업이 예쁘게 디자인해서 양산하는 신제품만을 유독 밝히는 이상한 민족이다. 그 실감은 우리나라 도시를 방문하면 알 수가 있다. 그러나 서울을 소개하는 광고에선 부러워서 언젠가는 꼭 살고 싶은 그 브랜드 아파트가 즐비한 장면은 철저하게 공개하지 않는다. 이미 전시용으로 극히 일부에 지나지 않는 '한옥'만을 가득 채운 장면이 일색이다. 너무 소중해서 숨기는 걸까? 아니면 보여주고 싶지 않은 기형적인 도시 외모라서 그럴까? 결국 필자가 북촌한옥마을이 너무나도 이질적이어서 그 생활공간으로서 실천하는 것에 회의적인 것, 그래서 현재 기거하는 사람들에 대한 미안한 생각은 우리 스스로가 우리의 역사를 축적이 아니라 단번에 바꿔 버리는 것에 익숙해져 버린 결과다. 한옥이 멋있고 우아하다는 것은 서울소개의 광고뿐만이 아니라 이미 각종 영상물을 통해 익히 알고 있다. 그러나 우리는 그 한옥을 우아하고 멋있는 주택으로서 축적해 놓지도 못했고 오히려 종로구 한 지역에 조밀하게 몰아 버렸다.

속칭 최고급이라고 칭하는 아파트에 사는 사람들에게 우아하고 한가롭고 자연친화적이고 무엇보다 600년 고도에 걸맞은 한옥에 살고 싶으냐고 물어보면 물론 살고 싶다고들 한다. 그러나 이미 아파트라는 닭장에 익숙해진 터란 그 실천은 만만치 않을 것이다. 오늘도 한 아파트 광고에서 한 남녀가 헤어짐을 아쉬워하며 이렇게 말한다. "자기 나 ○○○아파트에 살아." 이 어려운 메타언어를 해석하면 이렇다.

"자기 나 대기업이 지어 줘서 개성이라곤 하나도 없는 닭장 같은 공동주택에 살아."
"그래도 나랑 결혼해 줄래?"
"음. 걱정 마, 나도 그 닭장에 살아서 너의 맘고생 다 알아."

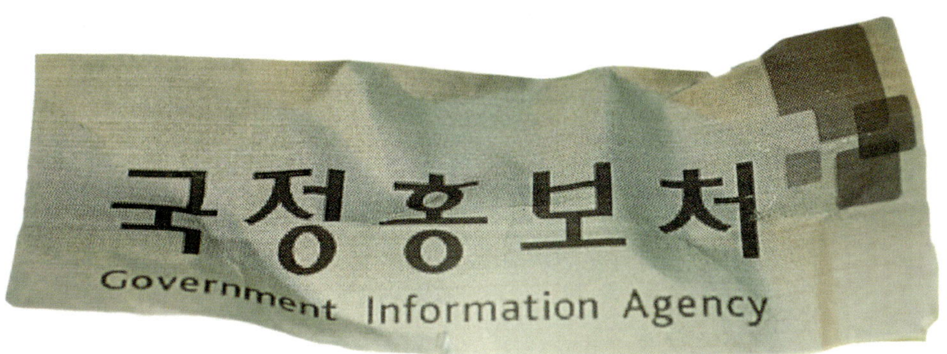

12. 사라진 국정홍보처

국정홍보처(國政弘報處, Government Information Agency).
국가의 이념과 정책을 국내외에 홍보하는 일을 맡아
보았던 국무총리 산하의 중앙행정기관이다.
그러나 2008년 2월 정부조직법 개정에 따라
문화관광부 및 정보통신부 일부와
통합하여 문화체육관광부로 개편되었다.
— NAVER 백과사전 2010년 2월 11일 3시경 검색—

‘국정홍보처(國政弘報處)’는 그 명칭 그대로 국정을 홍보하기 위한, 아니 생색을 내서 국민들로 하여금 호응을 얻고자 하는 기관이었다. 본 기관은 애초에 ‘문화공보부’로서 국가 부서 중의 하나였다가 과거 ‘문화부’ 산하에서 ‘공보처’로 규모를 줄여서 존재했었다. 그리고 나서 1999년 ‘국정홍보처’로 다시 만들어 졌고 2008년 현재는 ‘문화체육관광부’의 일부에서 그 업무를 담당하는 것으로 추정된다. 사실상 현재 그 국정홍보처는 사라진 셈인데 그 배경엔 우리나라의 한 정당에서 큰 역할을 했던 것 같다. 당시 야당으로서 한 국회의원은 아주 이유 있는 국정홍보처 폐지론을 주장하였는데 본 ‘국정홍보처’는 민주주의를 가로막는 기관으로서 폐지는 너무나도 정당하며 합리적이라는 것이다. 이른바 ‘국정홍보처 폐지론’에 따르면 국정홍보처는 ‘히틀러유겐트(Hitler－Jugend)’에 비유되어 이른바 ‘전위대’로서 정부조직 군살의 1순위임을 역설하였다. 결국 민주주의 국가에선 어색하여 존재할 필요가 없는 ‘공공의 적’으로 취급되었던 것이다.

그러고 나서 그 정당은 현재 집권여당이 되었고 결국 ‘국정홍보처'라는 국가기관은 사라지고 말았다. 물론 일면 이해가 간다. 객관적인 정보라기보다는 오로지 순조로운 국정을 추진하기 위한 일방적인 홍보에는 문제가 있으며 무엇보다 기업의 상업적 홍보와는 철저하게 구별되어야 할 '객관성' 더 나아가 '공공성'의 홍보이기에 더욱 그러하다고 본다. 결국 사라질 이유가 너무나도 충분하기에 없애는 것에 오히려 반대가 이상해 보인다. 그런데 그럼에도 불구하고 그러한 국정홍보처가 조성할 것 같은 분위기가 현재에도 여전하다는 느낌은 왜 드는 것일까? 이는 마치 그 기관이 유령처럼 존재하는 느낌까지 든다. 사실 실체는 명확히 사라졌지만 아주 곳곳에서 그와 유사한 국정홍보를 돕는 영상들이 다양하게 아니 더 많이 시민에게, 소비자에게, 결국 국민에게 다가오니 말이다. 물론 분명히 말해두지만 이러한 느낌은 필자만의 착각일 수도 있다.

사실 어떤 정권이든 그 정권추진의 정당성을 홍보하기 위해서 사라진 '국정홍보처'가 아주 유용했으리라고 본다. 그런데 현재 집권여당은 그 폐지론을 강하게 주장한 장본인이고 그 사라진 기관이 없어도 정권추진의 강한 자신감으로 등장했다. 그러나 이상하게도 지난 정권에서 국정홍보처가 했을 법한 국민 '근면성' 재강조의 영상은 TV 내에서 여전하다. 현재 우리나라는 '경기침체'는 자본주의의 주기적인 슬럼프시기에 속해 있다. 그럼에도 불구하고 우리 정치인들은 나만 뽑아 주면 회복시킬 수 있다는 슈퍼맨식 주장을 일삼았다. 그런데 문제는 그 정치인들의 거짓말에 있는 것이 아니라 화살이 국민들에게로 고스란히 돌아간다는 것이다. 사실 그 경기슬럼프에서도 아니 슬럼프 이전에도 우리 국민은 매우 근면했다. 근면하기로 소문 난 우리 국민은 언제나 국정홍보처를 통해 근면해 줄 것을 권유받아 왔다. 그러나 국정홍보처가 사라진 이제는 그 권유가 사라질 것이라 여기지만 여전히 권유받고 있는 느낌이다. 물론 어떤 경우로든 국민들에게 용기를 북돋아 주는 것은 좋지만 유독 할 말이 많은 오늘날의 국민들에게 무턱대고 그간 잘해 왔는데 좀 더 잘해야 한다는 가르침이 더 이상 즐겁지만은 않다. 박식한 어르신들이 리드해 온 현시점에서 그 리드의 결과가 점점 살기 힘들어짐에 또다시 국민 탓으로 곡해됨은 왜일까? 그리고 무엇보다 그 미운 역할을 담당한 국정홍보처가 사라진 요즘 왜 그런 곡해하는 느낌이 여전한가 하는 것이다.

사실 '비정규직'은 근면하지 못해서 비정규직일까? 현재 '청년실업자'는 그간 나태해서 실업자일까? 명예퇴직을 강요받는 40대 가장은 그간 불성실해서 퇴직해야 하는 것일까? 지금껏 우리 국민들 모두는 나름대로 진정으로 근면하게 살아왔다. 그러나 왜 그 근면의 결과는 고사하고 경기침체라는 문제를 고스란히 국민들이 또다시 떠안는다는 느낌이 앞설까? 그리고 그런 과정 속에서 정치인들은 '비정규직'이라는 신종직업을 만들어 냈고, 세계적으로 그 유례가 없을 정도로 대학생의 수를 늘려 놓았다. 그뿐만 아니라 경기가 악화되면 행사처럼 기업 내 감원이라는 것은 당연한 문화로 수용해야 한다. 결국 정치인들의 무책임한 정책입안으로 조성된 결과에 모든 책임은 바로 또

다시 국민들이 지게 되는 것이며 그 침체를 헤어 나올 방책이
란 또다시 '근면성'을 강조하는 국정홍보의 분위기, 즉 근면이
데올로기로 서민을 옥죄고 있는 것은 아닌가 한다. 물론 언제
나 근면함을 강조함이 나쁜 것은 아니지만 왜 국민들만 근면해
야 할까? 정작 근면해야 할 사람은 정치인들 아닌가 말이다.

요즘 유독 한 자동차 회사는 우리나라 방송 시작과 끄트머리
에 '애국가'에서나 있을 법한 영상과 국민가수의 극도의 믿을
만한 목소리로 국민에게 살기 힘들어도 근면할 것을 강조한다.
한 전자업체는 우리나라 수도인, 서울도시의 물리적 마천루 변
화를 CG로 그럴듯하게 묘사하여 다시 근면해 줄 것을 당부하
지만 그 도시의 영광은 극히 일부의 사람들만 누리는 것 같다.
이 기업들은 유독 요즘 앞다투어 사회사업도 아니고, 소년소녀
가장을 돕는 것도 아니고, 오지에 도서공급을 하는 것도 아니
고 기존 국정홍보처에서나 있을 법한 국민 근면성 영상만의 기
업PR로 국민 아니 소비자들에게 죽도록 근면할 것을 당부한
다. 사실 근면하다는 것은 당기업의 제품구매를 자제해야 하는
의미도 포함되어 있을 터인데 그래도 괜찮을까 한다.

이가 없으면 잇몸으로 씹으면 된다는 말이 있다. 국정홍보처
가 없어지니 우리나라 거대기업들이 알아서 그 빈자리를 채워
주면서 국민들에게 근면해 달라고 호소한다. 그 어느 때보다
사회갈등이 심한 요즘에 없어진 국정홍보처가 현 정부로서는
너무나도 아쉬울 듯하다. 아침 6시 기상하여 아주 열심히 일하
고 자정이 다 되어서야 퇴근하고 잠자리에 들려고 하니 한 자

동차회사는 TV광고에서 우리에게 이렇게 말하는 듯이 들린다.

> "전 못된 국정홍보처 전위대가 아니고 ○○○기업인데요."
> "조금 더 뼈 빠지게 과로하게 일해 주세요."
> "지금 경기침체는 당신이 그간 나태해서 그런 거니까 반성하
> 시구요."
> "당신이 지금 못사는 것은 당신 개인의 문제이니 변함없이
> 고생하실 수밖에 없습니다요."

이 광고를 보는 사람들의 마음이 꼬인 것일까? 아니면 우리
가 진정 반성해야 하는 것일까?

13. 기러기 아빠와 조기 입양

사진은 1970년도의 풋풋한 고등학생들이다.
그런데 현재 그 학생들 중에 동그라미 속의 사람은 아이들과 배우자를
모두 미국에 보내고 외로운 '기러기 아빠'로 살고 있다.
돈 벌어 미국에 보내고, 돈 벌어 미국에 보내고 한 지
벌써 10년이 넘었다고 한다. 이분은 이렇게 얘기한다.
"이쯤 되면 자신은 가족이 아니라 노예"라고 말이다.

은행에 들러 번호표를 뽑고 기다리다가 한 여성이 잡지를 보고 있기에 힐끗 어깨너머로 훔쳐보았다. 영화 ‘쉬리’의 주인공으로 잘 알려진 우리나라 남성영화배우가 자신의 세 아이를 타국에 보내고 홀로 남은 ‘기러기 아빠’ 생활을 흥미롭게 다뤄 주고 있는 듯했다. 그리고 한 TV오락프로에서 생머리를 곱게 빗어 뒷모습만으로는 소녀 같아 보이는 한 남성 락가수 자신이 ‘기러기 아빠’임을 자랑스럽게 얘기하고 그 자리에 동참한 연예인들로 하여금 위로를 받는다. 과거 80년대 ‘강변가요제’가 한참 인기 있을 때 그 가요제로 유명해진 현재 싱글맘 여가수가 자신의 콘서트에서 딸아이를 먼 타국으로 유학시킨 ‘기러기 엄마’임을 자연스럽게 공개하고 외로움을 토로한다.

이렇듯 현재 한국사회의 기러기 열풍은 두 가지 교훈을 남긴 채 그 수가 많아지고 있다. 그 교훈의 하나는 우리나라 교육에 대한 불신, 그리고 나머지 하나는 우리나라 부모들의 헌신적인 사랑이다. 급기야는 이 ‘기러기 아빠’의 일반화가 소재가 되어 한 광고에까지 등장했다. 광고는 기러기 아빠에게 위로하고 힘을 실어 주기 위해 국제 전화료가 저렴해졌다는 전화회사의 그 럴듯한 논리다. 참 광고로 등장할 만큼 우리 사회의 기러기 아빠가 많긴 많은가 보다.

어린 시절 TV에서 해외로 입양된 한국인들이 다시 한국을 방문해서 생부모를 찾는 모습을 본 적이 있다. 과거 '이산가족 찾기'만큼이나 가슴 찡하기 이를 때가 없다. 그런데 오히려 더 좋은 부모 밑에서 더 건강하게 성장한 것이기에 그 입양인들은 버린 생부모를 고맙게 생각해야 하는 것이 아닌가 하는 말도 안 되는 생각이 든다. 물론 이러한 생각은 입 밖에 내어서는 안 될 것이며 그 입양인들에게 크나큰 상처가 될 발언이지만 이번 한 번만 독자들께서 용서해 주시길 바란다. 왜냐하면 바로 이런 일 때문에 그렇다. 어린 시절 필자는 부모님께 "나도 저렇게 입양 보내줬으면……", "좋은 나라에서 영어도 잘하고 했을 것 아니야"라고 말해 버렸다. 아버지는 꿀밤을 주시며 가여운 입양인들을 보고 어떻게 그런 몹쓸 생각을 하느냐고 호되게 야단치셨고 어머니는 큰 한숨을 쉬다가 혀를 쯧쯧 찼던 기억이다. 당시에는 외국, 특히 영어를 쓰는 선진국을 동경하는 철없던 필자라서 그런가 했지만 사실 지금 생각해 보면 우리나라 교육시스템 모두가 우리 교육을 경시하고 영어를 쓰는 선진국가의 교육을 유독 선호하는 분위기이다 보니 필자 또한 그렇게 물들어 버렸다. 결국 어떻게 해서라도 영어선진국을 가 보고 싶었던 그 맹랑한 꼬맹이의 자연스러운 편법모색이 아니었는가 한다.

일부 극성맞은 임산부들은 자기 아이를 '미국시민권자'로 만들어 주려고 이른바 '원정출산'이란 것을 한 적이 있다. 또 극성맞은 부모는 아이가 아예 어린 시절부터 혀가 미국영어로 꼬이는 것이 쉽다고 하여 이른바 '조기유학'이란 것을 보낸다. 처음에는 과잉된 교육열의 극단적인 한 형태이겠거니 했지만 유명하다고 하는 연예인 영화배우, 탤런트, 가수 등의 자녀 모두가 조기유학을 보낸 터다. 그리고 이를 마치 자랑이라도 하듯 TV에 나와 '기러기 아빠'로서의 위로를 원한다. 물론 원하진 않았을 것이다. 그러나 TV프로그램은 홀로 남은 궁색한 아버지 위로의 분위기로 몰고 간다. 과연 '한류'를 주도하는 이들 연예인들은 한류의 선전(善戰)이 무색하게 하며 우리나라 교육을 경시하는 그 처사를 우리는 어떻게 받아들여야 할까? 자기 자식 알아서 조기 유학시키는 것은 자유지만 어떻게 연예인 모두 하나같이 다 조기유학을 보냈을까? 사실 그리 예뻐 보이지 않는 현상이다. 오히려 이들의 연예활동으로서의 '예술'이 '엔터테이너'로서의 경외감보다 자녀의 조기유학을 위해 험한 영화장면을 찍고, TV에서 애써 웃겨 주고, 목청이 찢어지게 노래하여 유학 자금 공급을 위한 노동으로 느껴진다. 팬들 또한 그 자녀들의 알량한 유학자금 마련을 위해 따지고 보면 '물심양면'으로 일조한 셈이 아닌가 한다.

진득하게 제도권 교육에서 공부하는 방법을 자연스럽게 스스로 체득하여 과외 없이 무난하게 학교를 나온 사람들을 뛰어넘기 위해 '조기유학'이라고 하는 편법이 성행하는 것이 가능하다면 교육을 목적으로 하는 필자의 아이디어 이른바 '조기입양'이라도 가능하지 않을까 한다. 편법의 달인인 우리 민족이라면 그럴 법도 하지 않은가 말이다. 애초 우리 교육의 수준을 실망스럽다고 느껴 왔다면, 그래서 조기유학을 보낼 경제적 형편이 허락하지 않았다면 이는 정말 장려할 만한 편법이 아닌가 한다. 어린 고사리 손을 미국영어를 쓰는 나라에 홀로 애처롭게 보내는 것보다 양부모가 철저하게 자식처럼, 아니 자식으로서 아껴주고 사랑하고 그 아이의 미래를 완전 책임져 주는 것이라면 이는 진정 보낼 만하다. 더욱이 조기유학으로 자녀에게 희생 투자하는 것은 과거의 촌스러운 부모님들처럼 사후 봉양을 바라는 것이 결코 아니니 오해 말라는 쿨한 사고의 부모라면 자식의 미래를 완벽하게 보장해 주는 '조기입양'은 정말 기발한 아이디어가 아닐 수가 없다. 그런데 이 아이디어에는 한 가지 부작용이 있는데 바로 나중에 친부모를 알아보지 못한다는 것이다. 그래도 자녀교육비, 조기유학을 보낼 돈이 고스란히 부모들의 수중에 남아 있기에 사실 그 돈으로 여행 다니느라 다 큰 자녀 얼굴도 볼 시간이 없을 테니 상상만 해도 꿈만 같은 얘기가 아닐 수가 없다.

사실 지금까지 그럴듯한 아이디어이긴 하지만 어찌 이런 부정한 부모가 있을 수 있겠는가 말이다. 미국식 영어의 열병을 앓고 있는 현재 한국 사회에서는 사실 집집마다 돈이 없어서 조기유학을 못 보낼 뿐이지 보내고 싶은 마음이 간절할 것이다. 한 100년 정도 지나면 이런 단선적이고 얄팍한 우리나라의 교육관이 바뀔까? 즐겁게 공부해서, 행복하게 우리말 쓰면서 사는 것이 교육의 목표이건만 고달프게 공부해서 '돈 돈' 하면서 미국영어발음을 '썰라썰라' 할 줄 알면서 시차 적응 안 되는 외국을 고달프게 쏘다니는 것을 교육으로 아는 우리 부모들의 '교육 그 참을 수 없는 가벼움'은 아주 자연스럽게 '기러기 아빠'를 양산한 것이다.

그렇다고 해서 기러기 아빠들의 그 알량한 고통을 덜어주기 위한 목적으로 '영어몰입교육'을 행한다는 명분도 이상하거니와 또 몰입이라는 그 즐겁지 않은 학습 부담으로 우리의 아이들을 또 괴롭히려는 그 가벼움은 정말 참을 수 없게 한다.

14. 광화문(光化門)과 숭례문((崇禮門)

광화문이 어떻게 완성되고 있는지 궁금해 죽겠다.
이벤트에 일가견이 있는 민족이기에 나중에 다 만들어 '짜잔' 하려는
심산인 것 같다. 유명한 작가가 그려낸 울긋불긋한 가림막으로
혈세 들이지 말고 투명 가림막으로 공개하여 시민의, 국민의 관심이
항상 있게 했으면 좋겠다. 복원 과정도 문화재의 일부인데…….

필자는 우리나라의 수도 서울에 위치한 '광화문(光化門)'을 무척 좋아한다. '빛이 되는 문'이라는 그 이름에서도 그렇지만 무엇보다 우리 조선왕조의 물리적인 상징이기에 더욱 그러하다. 그야말로 환한 복을 내리는 궁인, '경복궁(景福宮)' 앞에 우뚝 서 있는 이 문은 우리나라에서 가장 위엄스러운 자태를 뽐내고 있다. 그런데 공교롭게도 조선왕조와 같이 이 궁궐을 중심으로 현재 우리나라는 정치, 경제, 사회, 문화도 집중되어 있으며 또 그 문을 중심으로 하는 주변은 우리나라의 가장 위엄스러운 곳이라고들 한다. 그런데 중공(필자가 어렸을 때는 분명 '중공'이라 배웠고 오히려 대만을 중국이라고 배웠다)의 수도인, '북경'에도 우리와 유사한 커다란 문이 있는데 바로 옛 청나라 왕조의 대표적인 궁궐, '자금성'의 '천안문'이다. 이 문의 뜻은 '천상의 평화로운 문'으로 제법 그럴 듯하다. 그러나 아무리 그렇더라도 우리 문이 아니라서 필자는 별로 좋아하지 않으며 결정적으로 그 시뻘건 색상이 마음에 들지 않는다. 그러나 중공인들은 필자가 광화문을 좋아하는 것처럼 그 천안문을 무척이나 좋아할 것이다. 물론 '천안문 사태'로

얼룩진 문이기도 하지만 말이다.

필자가 광화문을 좋아하는 이유는 바로 국가적 '이데올로기 (ideology)'에서다. 그리고 천안문도 그들 중공인들에게는 이데올로기일 것이다. 그런데 이 이데올로기라고 하는 것은 어떤 면에서 불합리한 혹은 잘못된 허위의식으로서 일소해야 하는 대상으로 지적되기도 하겠지만 많은 경우 사람들에게 삶의 희망, 즐거움, 자부심, 더 나아가서는 '애국심'까지 고취시키니 정말 필요한 이념이 아닐 수가 없다. 그런 의미에서 광화문은 필자에게 한국인임을 자랑스럽게 사고하게 만드는 큰 이데올로기이다. 다시 말해 민족에 대한 '마니아'를 만들어 주는 좋은 이데올로기다. 그런데 아무리 그렇더라도 필자에게 그 좋은 이데올로기인, 그 광화문을 처음으로 직접 보는 순간 마음이 무척 불편했다.

다름 아닌 돈만 있으면 몇억만 대라도 찍어 낼 수 있는 자동차들이 그 광화문에 매연을 풍기며 보란 듯이 주행하는 것이었다. 필자에겐 위엄스런 이데올로기가 국가적으로는 오래된 물건에 불과한 격으로 그 범접이 너무나도 "쉽지요 잉"이었다. '북경'을 직접 방문해 보지는 않았지만 다녀온 사람들은 자금성 앞 '천안문' 앞에도 도시대기오염의 주범인 차량의 소통이 없다고들 하였다. 더 자세한 말들은 천안문 앞 광장 밑으로 터널을 만들어서 도시의 대기오염자인 차량을 지하로 내몰았다고들 한다. 물론 그도 대단한 비호는 아니겠지만 차량들이 궁둥이로 그 더러운 매연을 뿜고 다니는 꼴은 없을 것이라고 본다. 그러나 광화문은 달랐다. 때론 이 광화문의 차량접근이 손쉽게 문을 볼 수 있다는 장점도 있겠지만 적어도 우리 민족의 커다란 위엄이라면 발품이라도 팔아 볼 수 있는 수고를 보여야 하는 것이 아닌가 한다.

지난 서울시장은 '숭례문(崇禮門)'을 시민에게 돌려준다는 미명 아래 그 문 주변을 공원화하였다. 좋았다. 숭례문을 손으로 직접 만져 볼 수 있게 해 놓았었다. 그러나 그 범접의 손쉬움은 소실이라는 이데올로기 회복 불가능의 결과를 남기고 말았다. 과연 다시 예전 그 숭례문의 모습을 되찾는다 해도 그 숭례문은 우리가 사랑했던 그 문이 결코 아니다. 물론 시민들 각자가 다시 숭례문을 사랑하게 해 달라고 최면을 걸어 볼 테지만 아닌 건 아니다. 그렇다고 해서 광화문에 가까이 가지 말자는 것도 아니다. 숭례문에 접근도 못 하게 하자는 것은 더더욱 아니다. 현 우리나라의 물리적인 상징을 넘어서 우리 민족의 좋은 이데올로기를 자랑스러워하려면 시민의 촉각체험이 가능한 관심은, 손쉬운 요기꺼로서의 사고는 걷어치워야 하지 않을까 한다. 우리는 외국인들에게 우리의 전통문화를 알리기 위해 이 문들을 빼놓지 않고 소개한다. 더욱이 우리나라를 소개하는 광고에도 어김없이 아주 그럴듯하게 등장시킨다. 그런데 외국인들은 그 광고물들에 두 번 놀란다. 이렇듯 위엄 있는 고문화를 우리가 간직하고 있었는가 하는 것 자체와 그럼에도 불구하고 그 자체를 아주 손쉽게 만져볼 수 있다는 것에 놀란다.

개인적으로 필자에게는 광화문과의 첫 만남이 이러길 바랐다. 필자가 그토록 좋아한 만큼 광화문은 상업적인 건축물과 멀리 떨어져 있는 것 하나, 그런데 여기서는 광화문이 떨어져 있는 것이 아니라 상업건물이 물러나 있는 것이다. 그래서 그 문을 보려면 매연을 뿜어 가는 손쉬운 차량접근이 아니라 많이 떨어진 지하철역에서 올라와 멀리서 보이는 그 위엄스러운 문을 보는 희열을 느끼는 것 또 하나. 그리고 그 문과 만나기 위해 한 걸을 한 걸음 걸으면서 많은 생각을 하게 되는 그 묵도의 즐거움 또 하나. 그리고 비로소 땀을 닦으며 그 문 앞에서 서서 우리 민족의 마지막 왕조인, 조선왕조가 살았던 그 위엄스러운 궁궐 문 앞에 당도했다는 성취감 하나를 느껴보고 싶었던 것이다. 그러나 우리의 광화문은 얼마든지 매연을 뿜으며 쉽게 지나쳐 볼 수 있는 문이 되어 버렸다. 정작 외국인들에게 서울관광을 유도하는 광고물들(포스터, 엽서, 팸플릿 등)에는 필자가 기대했던 그 느낌 그대도 표현되고 있는데 말이다.

현재 광화문은 어떤 유명한 미술가의 가림막 작품에 가려 제 모습 찾기 공사가 한창이다. 그 가림막 안에서 무슨 일이 어떻게 일어나고 있는지 알 수는 없으나 필자가 기대하는 제 모습과 일치한 모습으로 진행되었으면 한다. 우선 광화문 바로 앞으로 지나는 차량의 소통이 없었으면 한다. 그리고 무엇보다 시민에게 돌려주는 조선왕조 궁궐문의 공원화보다 우리 민족의 커다란 이데올로기이기에 철저한 예약으로 그 문 출입인원의 제한이 이루어졌으면 한다. 왜냐하면 우리는 프랑스 파리에

철근으로 만든 탑, 미국 뉴욕의 콘크리트로 만든 횃불 든 여인, 중공 북경에 너무 시뻘겋고 비대해서 거부감 드는 궁궐과 같이 외국인들로 하여금 한낱 전시용거리에 지나지 않는 것과는 뭔가 다르고 뭔가 특별해야 하지 않을까 하기 때문이다.

우리나라의 정치, 경제, 사회, 문화의 중심이라서 어쩔 수 없이 사람들의 손이 많이 타는 것을 걱정하는 것에 동의한다면, 그 문을 중심으로 이리로 저리로 물러나 준다면, 우리가 자랑스러워하지만 그 자랑이 언제든지 흔한, 쉬운, 무엇보다 관광거리만으로의 간단한 이데올로기가 결코 아닐 수 있어야 하지 않을까 한다. 그런데 이런 필자의 생각에 침이라도 뱉듯 2009년 12월 겨울 그곳에서는 '스케이트장'을 만들고 '스키장'을 만들어 아수라장으로 쓰고 있었다. 너무나도 유감스러울 따름이었다.

서울시청에 "무엇이든 물어보라"는 다산 콜센터 '120'에 물어보니 서울광화문광장을 세계에 알리고자 하는 홍보이벤트이니 이해해 달라고 했다. 그러나 이해가 전혀 되지 않았다. 필자가 알고 있는 외국도시의 유명한 역사적 장소 혹은 광장은 이렇듯 호들갑스럽게 홍보해서 유명해진 게 결코 아니기 때문이다. 필자가 너무 꽉 막힌 걸까?

15. 맑고 깨끗한 별 일곱 개짜리 사이다

수정과 같이 맑은 병에 시원하게 톡 쏘는 사이다는
너무나도 개운하게 입맛을 돋운다.
그러나 그 입맛을 느끼기까지의 유통 과정은 너무나도 고달프다.

‘**맑**고 깨끗한 별 일곱 개짜리 사이다’는 우리나라의 대표적 탄산음료다. 물론 유사한 음료가 외국에도 있고 국내에 수입된 것도 있겠지만 이 음료가 우리나라 사람들에게는 추억의 탄산음료, 즉 현재 30~40대 아니 더 나이 든 세대라도 학창 시절 소풍 때 이 ‘음료’와 ‘김밥’은 잘 어울리는 별식이었을 게다. 그리고 여전히 식사 후 입가심으로 즐기는 음료이기도 하다. 언젠가 한 광고는 유명한 소설가를 앞장세워 ‘백두산’을 여행하는 장면으로 백록담의 맑은 물과 이 음료의 투명함을 비유하며 극찬하기도 하였다. 당시 백두산에 가보고 싶다는 생각도 굴뚝같았지만 그 이미지가 담긴 이 ‘별 일곱 개짜리 사이다’를 사서 마시면 되니 곧 그 욕구는 수그러들었다. 결국 백록담 기행을 단돈 1,000원으로 구매할 수 있게 된 셈이다. 참으로 광고라는 것은 자본주의 사회에서 그 다양한 욕구충족을 용이하게 할 수 있게 하는 대단한 제도인 것 같다.

　새삼 자본주의 사회에서의 광고의 그 효능을 극찬하려는 것은 아니다. 이 별 일곱 개짜리 사이다에 얽힌 필자의 대학생 시절에 고달팠던 이야기를 들려주고 싶어서인데, 물론 필자보다 더 고달픈 학생들은 얼마든지 있었고 현재도 있다는 것을 모르는 것이 아님을 밝혀 둔다. 대학생 때 필자의 방학은 늘 고달픈 기간이었다. 그래서 오히려 학기 중에 학교생활이 더 마음이 편하고 행복했던 기억이다. 다들 알다시피 노동의 시간보다 캠퍼스의 낭만적 시간이 즐겁다는 것은 모두 공감하는 사실이다. 필자가 대학 4년 동안 해 본 아르바이트의 종류를 열거하면 우선 별 일곱 개짜리 사이다 나르기, 파티용 고깔모자 종이 찍어 나오는 공장에서 종이 뜯기, 금속공장에 있는 커피 음료자동판매기 14대 청소하기, 주말 이삿짐 나르기, 한 '동쪽 서쪽'이라는 이름의 커피회사의 커피 박스 나르기, 불고기 집에서 손님들 식사한 것 치우기 등이 당장 생각나는 당시의 아르바이트다. 그중 가장 기억에 남는 것이 바로 첫 번째 소개한 '별 일곱 개짜리 사이다 나르기'다. 참, 혹시 궁금할지 모르겠으나 이 아르바이트를 어떻게 하게 되었는가인데 사실 누구 소개도 아니고 직접 집 근처에 존재하는 사이다 회사 물류창고를 찾아가 부탁을 했고 고맙게도 허락해 주었다.

사이다를 나르기 위해서는 아침 6시 정도에 일어나야 했다. 이른 아침 출근함과 동시에 그날 배달할 별 일곱 개짜리 사이다를 트럭에 가득 실어야 하는데 사실 사이다만 싣는 것이 아니었다. 그 사이다를 생산하는 L음료회사는 수십 가지의 또 다른 음료가 있었으니 시중에 이 회사의 음료가 그렇게 많은지 처음 알았었다. 이 음료수를 각 인근 슈퍼, 구멍가게, 음식점에 공급하기 위해서 두 명이 한 조가 되어 운반하는데 필자는 그중 운반만을 담당하는 '부사수'에 해당되었다. 한번은 '사수'의 지시에 따라 하루 물량의 용지를 건네받고 창고에 가서 타이어가 달린 운반카트를 이용해 음료수들을 트럭에 가득 실었다. 그리고 나서 부사수인 필자와 사수가 운반차를 몰고 막 차도로 나가던 무렵 "우르릉 쾅" 하는 소리가 들려 사수는 깜짝 놀라 급정거를 하고 말았다. 필자는 분명 아까 필자가 직접 실은 음료수들에 문제가 생긴 것을 알아차리고 급히 트럭에서 내려 차량 뒤로 가 보았다. 아니나 다를까 실었던 음료수가 다 거리에 쏟아져 있었고 유리병 제품이 대부분인 관계로 그 쏟아진 음료수들은 다 깨져 버렸었다. 필자가 음료박스를 쌓는 기술이 미숙해서 벌어진 일이었다. 이에 대하여 당시 필자보다 정확히 10살이 많으셨던 사수 분은 필자를 나무라지 않았고 이미 각 지역으로 나갈 다른 운반차들이 뒤에 줄을 서고 있으니 빨리 치우자고 했다. 상황이 상황인지라 커다란 쓰레받기와 빗자루를 가지고 진땀을 뺐는데 지금 생각해 봐도 너무나도 미안하고 죄송했다. 왜냐하면 깨진 것도 깨진 것이겠지만 이 사수 분들은 단순히 음료수 배달만을 위해서 채용되어 일하시는 것이 결코 아니라는 것을 알기 때문이었다. 만화영화 "플랜더스의 개"에서와 같은 우유배달처럼, 편지를 전달하는 우편집배원의 발걸음처럼 이 배달은 결코 낭만적인 것만은 아니었다. 그 음료수들의 파손손실은 모두 '배달 직원'이자 '영업사원'인 그 사수에게 고스란히 돌아가며 게다가 운반 외에도 더 많이 음료를 공급할 수 있는 점포를 늘 개척해야 하기 때문에 녹녹

한 배달일이 아니라 그야말로 고달픈 영업사원이라는 것이다.

한번은 그 사수가 운전 중 어느 음식점 앞에 멈춰 서더니 혼자 그 음식점에 들어갔다 오겠다 하며 필자는 차 안에 있으라고 했다. 한 10분간 있더니 한숨을 쉬며 다시 운전석에 앉아 다음 목적지로 향하고 있었다. 바로 영업을 하려 들렀던 것인데 일이 잘 안 되었나 했다. 어떤 때는 한 가게 아주머니께 새로 나온 음료라며 현재 TV광고를 운운하며 한 번 들여놓을 것을 사정하기도 했다. 음료수를 나르는 건장한 남자가 아주 작은 아주머니에게 사정하는 모습이 다소 어색하긴 했지만 어쩔 수 없이 그래야 하는 직업이니 늘 고달파 보였던 기억이다. 또 어떤 경우는 한 구멍가게 주인장 노인이 엊그저께 다방에서 여종업원에게 행한 성추행에 가까운 음담패설을 아무 거리낌 없이 들어줘야 하는 경우도 있었는데 그 사수는 늘 그 가게만은 무척 가기 싫어했던 것 같았다.

그런데 무엇보다 이 일에서 중요한 점은 음료수 무게를 견딜 수 있는 체력이었다. 사실 사이다 한 병의 무게는 얼마 되지 않는다. 그래서 어린아이도 너끈히 들 수 있다. 그러나 그 가벼운 사이다가 한 궤짝에 여러 개가 합쳐지면 당시 어수룩한 필자에겐 감당할 수 없을 정도의 무게로 변해 있었고 그 궤짝을 2층 3층을 쌓아서 등짐으로 운반해야 함은 역시 여러 차례 사이다를 파손시키고 마는 결과를 낳기도 했다. 당시 사수는 그 궤짝을 3층 이상이 기본이었고 그렇게 골골하는 필자의 나약함에 눈살 한 번 찌푸리지 않고 웃어넘겨 주었다. 앞으로 익숙해질 테니 필자가 감당할 수 있는 양만을 나르라고 했다. 그래서 필자는 매번 너무 미안해 적은 양을 여러 번으로 움직였다. 하지만 그 사수가 나르는 양에는 늘 많이 못 미쳤다.

그러던 중 한번은 경쟁음료회사의 차량이 눈에 들어왔다. 외국음료 회사라서 그런지 그 회사는 필자의 허리를 늘 괴롭혔던 무거운 유리병 용기의 음료수가 없었다. 그리고 무엇보다 음료수 차량적재가 용이하게 전 차량이 세련되게 잘 개조되어 있었다. 그리고 또 한 가지 경쟁사의 직원들의 제복은 제법 그럴듯했다. 그러나 당시 필자가 입고 사수가 입었던 제복은 T-셔츠 쪼가리 하나였다. 결정적으로 당시 경쟁사의 광고캠페인이 있기도 했는데 운반차량외벽디자인과 운반하는 직원들의 제복은 그럴듯하게 갈아입혀져 있었다. 언제나 부러웠고 그 경쟁사에서 아르바이트를 할 걸 하는 생각이 들곤 했었다. 그러고 나서 필자는 그 정들었던 사수 분과 짧은 2개월간의 땀에 젖었던 생활을 뒤로한 채 다시 개강을 맞이했다. 당시 그 사수 분은 어린꼬마들의 아빠였으니 15년이 지난 지금 대학생이나 고등학생의 학부형이 되어 있지 않을까 한다. 그리고 지금도 길을 지나다가 순댓국밥 집을 지날라치면 그 사수가 생각나는데 당시에 그 '순댓국'을 대부분의 점심 때 사주며 흐뭇해하던 사수 모습이 떠오른다. 사실 필자는 순댓국을 별로 좋아하지 않는다. 그래도 힘을 쓸 수 있어야 하기에 꾸역꾸역 먹었던 필자의 모습이 괴로웠지만 그립기도 하다.

개강을 하고 나서 수업시간에 IMC라고 하는 광고용어를 배웠다.

이 IMC라고 하는 것은 Integrated Marketing Communication
의 약자로서 쉽게 말해 특정 광고캠페인이 이뤄질 때 소비자의 의식
이 머무는 어디서든 그 분위기를 경험할 수 있게 조성해 놓은 공격
적인 광고 전략이었다. 그런데 이렇듯 소비자만을 위한 분위기
조성도 중요하지만 그러한 분위기에 정작 소비자의 수중에 제
품취득을 비로소 가능하게 해 주는 유통의 간편함도 포함되었
으면 하는 생각이 들었던 기억이다. 이른바 '유통'이라 일컬어
지는 사업 분야에서 운반을 간편하게 할 수 있는 용기 디자인,
싣고 내리기가 간편한 차량과 카트제작, 그럴듯하여 입어보고
싶게 만드는 멋있는 행사제복, 더 나아가서 힘든 배달노동 후
쾌적하게 집에 돌아갈 수 있게 하는 샤워시설, 그리고 무엇보
다 고된 노동에 대한 금전적 대가 말이다. 잘은 모르지만 당시
경쟁음료회사 제품의 본국인 선진국에선 힘든 일에 대한 대가
가 머리를 쓰는 일에 크게 못 미친다고 전해 들은 것 같지는
않았다. 직업의 귀천을 따지는 것이 우리나라의 통념이지만 적
어도 힘든 직업엔 힘든 만큼의 대가가 정당히게 이루어졌으면
한다. 늘 친절하고, 귀하고, 아름답게, 깔끔하게 그리고 무엇
보다 평등하게 광고표현을 해대는 기업 스스로도 그 광고이미
지 그대로의 기업문화를 회사 내에 일하는 사람들, 즉 육체노
동자와 두뇌노동자의 차등을 두어 체험하게 함은 왠지 씁쓸하
다. 임금까지는 아니더라도 오히려 기업문화 전달의 최전선에
있는 이 음료회사의 육체노동의 영업사원들에게 그럴듯한 처
우는 필요한 듯했다.

맑고 깨끗한 사이다를 백록담에까지 가서 찍어 오는 별 일곱 개짜리 이 사이다회사는 너무나도 낭만적이다. 그러나 이를 공급하는 유통사원들은 너무나도 고되게 땀으로 목욕을 하면서 소비자 수중에 그 사이다를 전달한다. 그래서 미안하게도 필자가 알고 있는 그 사이다 한 병에 대한 필자의 이미지는 결코 맑고 깨끗함이 아니라 그야말로 '미안함'이다. 길을 가다 보면 여전히 그 별 일곱 개짜리 사이다 회사의 음료수 운반차량을 본다. 당시와 똑같이 그 사수와 부사수가 타고 있으며 차량의 모습이 하나도 변하지 않았다. 배달하는 사람들 위주로 개선되지 않고 그때 그대로다. 그리고 여전히 등짐을 지고 그 무거운 유리병 음료를 나르고 있는 모습은 안쓰럽기까지 하다. 역시 그들은 옷이 땀으로 흠뻑 젖어 있으며 부사수 역시 보도에 걸터앉아 사수가 한 가게에 들어가 일을 다 보고 나올 때까지 땀을 연신 닦으며 기다리고 있다. 그 옛날 필자의 모습 그대로가 바로 여기 있었다. 그야말로 낭만적인 광고와는 사뭇 다른 고된 사이다 이미지다.

15년이 지난 지금 유통을 연구한다는 사람들은 어떤 유통을 연구하는 것일까 점포를 내는 것, 시장상황이 좋은 통계조사 등등 사실 유통의 선진화는 유통이 빠르고 간편하게 이루어질 수 있는 과학적인 배달시스템이 아닌가 한다. 그러나 우리는 지난 20세기와 똑같이 21세기에도 등짐을 지고 땀을 뻘뻘 흘리며 배달하는 것이 더 일반적이다.

16. 우선 옷 잘 입는 애가 좋아요

필자는 촌스러운 아저씨다.
그래서 필자의 몸뚱이를 이용해 우리 사회에서 가장 사회악으로
취급하는 촌스러운 아저씨의 복장을 연출해 보았다.

세 련된 옷차림이라면 어떤 이점이 있을까? 더 나아가 세련된 사람이 된다는 것은 어떤 것일까? 반면에 촌스러우면 어떤 걸 손해 보는 걸까? 마찬가지로 촌스러운 사람이 된다는 것은 어떤 걸까? 우리는 언제나 자신의 외모를 세련되게 가꾸기 위해 노력한다. 그래서 시간만 나면 브랜드 매장을 기웃거리고 계절만 바뀌면 뱀이 허물을 벗듯 변신을 시도함이 미덕이라고 생각한다. 그래서 이 시대의 광고가 요구하는 세련됨으로 무장해야 안심이 되는 듯해서 우리의 '자신감(自信感)' 발생 근원도 거기서부터라고 생각한다. 이를테면 한때 로마시대 여신들이나 주렁주렁 걸었을 법한 무거운 여러 단으로 연결된 귀걸이를 달랑거리며 식사를 하는 여성들이 있다. 식사하는 데 성가시지 않을까 하지만 귀가 쭉쭉 늘어져도 이것이 세련된 것이라 참아내며 먹는 것을 보면 좀 안타깝다. 어떤 젊은이는 자신의 팬티를 반쯤 혹은 거의 다 내보이는데 한번 바지를 추어올려 주고 싶지만 이것이 세련된 것이라고 참아내는 데 그 노력에 박수를 치고 싶다. 한 운전자는 지붕이 없는 자동차를 도심 한복판에서 몰고 다니며 매연이 풍성한 도심공기

를 직접 다 마시고 다녀도 끄떡없는데 그 세련된 사고에 숙연
해지기까지 한다.

　세련됨이란 뭘까? 세련됨은 필자가 보기에 불편한 것이다.
그런데 그 세련됨이 불편함에도 불구하고 참아내게 하는 묘한
마법이 숨겨져 있는데 그래서 이것이 풀리지 않는 '수수께끼'
라 할 수 있다. 사실 수수께끼란 수수께끼답게 원시시대부터
그 기원을 두고 있다. 우리가 흔히 비합리적인 현상을 접할 때
'전근대적'이니 라는 말을 쓰는데 바로 이 말은 근대시대 이전
과 똑같이 모든 것을 풀리지 않는 수수께끼 이념으로 해석했다
는 뜻이다. 그래서 그 근대적이지 못한 시대로 돌아감을 의미
했던 것이다. 그런데 더 이상한 것은 우리가 사는 21세기 현재
는 그 수수께끼와 같은 현상이 있을 수 없는 과학시대라 할 수
있다. 그럼에도 불구하고 우리는 그 '세련됨'이라는 이해할 수
없는 현상에 사로잡혀 자신의 행복의 기준을 내맡겨 버린다는
것이다. 이는 다시 말해 합리적으로 설명이 불가능한 현상, 즉
'세련'에 목매는 그 사고방식이 전근대로 더 나아가 원시시대
의 그 야만스런 가치로 하락하는 것이어야 마땅하지만 오히려
사회적으로 장려되기에 이상하지 않을 수 없는 것이다. 결국
이에 동조하지 못한 사람들에 대하여 눈살을 찌푸리는 것이 선
(善)이며 이를 거부하는 것이 악(惡)으로 취급되는 이상한 종
교화의 속성까지 보이니 이는 정말 근대화의 또 다른 이름 자
본주의의 위선적 내면이 아닐 수가 없다.

　필자가 청소년 시절 한 TV프로그램에서 연예인들이 나와 세

련되지 못한 그야말로 촌스러운 어른들의 외모를 지적하며 그에 동조하여 웃음바다를 연출하는 시간이 있었다. 기억나는 지적사항들은 스타킹 끝이 보이는 스커트 옷차림, 검은 정장에 하얀 양말을 신은 어르신, 60년대 미국흑인들의 머리모양을 연상케 하는 일명 아줌마 파마머리 등등. 그 프로에서 연예인들은 당시 세련되지 못한 어르신들의 영상을 수집해 조롱을 넘어 이른바 '꼴불견'이라고까지 비난했다. 그리고 무엇보다 집에 꼭꼭 숨어 있거나 세련되게 변장해서 나올 것을 당부했다. 그러나 지금 생각해 보면 명백히 못된 프로그램이 아닐 수가 없다. 물론 사람은 사회적 동물이기에 그들의 몸은 자기의 것이 아니라 사회의 것일 수 있는 시간이 더 많다. 그래서 출근길 혹은 등굣길 자신의 외모를 살피지 않을 수가 없는 것이다. 마음 같아서는 필자에게 정말 편한 잠옷 차림이나 운동복 차림으로 출근하고 싶으며 때론 머리도 감기 싫지만 필자가 만나게 될 사람들을 생각하면 감히 그럴 수가 없는 것이다. 그래서 인간들에게는 '거울'이라는 이기가 만들어졌는지도 모르겠다. 그런데 인간들은 거기에다 세련됨이라는 또 한 번의 불편한 사회제도를 암묵적으로 만들어 놓고 자기 스스로를 괴롭히는 것이 아닌가 한다.

필자는 촌스럽다. 학창 시절 친구들은 필자의 외모를 보고 '군밤장수'의 이미지라고 솔직히 얘기해 주었다. 세련되어야 한다는 기준에서는 몹시 언짢은 이미지일 수 있으나 오히려 세련된 필자의 친구들이 그 자신들을 괴롭히는 것보다 더 우월하다는 생각에 그리 기분 나쁘지 않았다. 요즘 청소년들은 자신의 이성관이 어르신이나 필자의 학창 시절과 너무나도 다르다. 그리고 그 다름은 두 가지로 압축해 볼 수 있는데 우선 하나는 자신만의 이성을 공개해 버리는 것이다. 이성 앞에서는 한없이 바보 같아서 우물쭈물하거나 멀리서만 연모했던 필자와는 사뭇 다르다. 결국 청소년 시절 한 번도 이성에게 마음을 표명하지 못한 필자와는 크게 다르다. 또 하나의 다름은 바로 세련된 외모의 이성을 원한다는 것이다. 쉽게 말해 옷 잘 입는 애가 최우선이라는 것이다. 옷을 잘 입는다는 것은 결코 촌스러울 수 없는 것인데 바로 세련된 이성의 옷차림을 말하며 자기 자신도 세련되기 위해 늘 노력함을 암시하는 것이다. 또한 그들이 인정하는 브랜드의 라벨이 확연히 확인 가능한 위치에 부착되어 있는 옷차림이라면 그 세련됨의 식별을 더욱 용이하게 한다. 물론 이들의 이러한 미숙하고 초보적인 이성관은 앞으로 어른이 되고 자기성찰의 기회가 많은 만큼 어느 정도 조율이 될 것이라 본다.

얼마 전 수업시간에 한 남학생이 교복을 입고 필자의 수업을 듣고자 교탁 바로 앞에 앉아 있었다. 필자는 놀라지 않을 수 없었다. 마침 그날은 만우절이었고 중고등학교 시절에나 있을 법한 학생들의 애교가 대학 캠퍼스에서도 가능하기에 그 창의력에 기분 나쁘지 않았다. 그런데 그에 대하여 퍼뜩 이런 생각이 들었다. 물론 당장 용기가 나지는 않지만 교복을 입고 사회생활 하는 것도 나쁘지 않겠다는 것 말이다. 늘 세련되어야 하는 사회가 요구하는 이상한 고민을 할 필요도 없고, 늘 세련되고 새로운 자기표현을 원하지 않는다면 이도 가능한 것이 아닌가 한다. 그러나 TV에서는 많은 광고주들이 필자에게 당신은 소중하기 때문에 늘 세련되어야 한다고 권고한다. 그러나 이는 분명 권고일 뿐인데 필자를 비롯해 어렸을 때부터 부모의 타이름보다, 학교 선생님의 가르침보다 그에 더 자발적으로 수긍하는 이유는 뭘까? 아마 합리적인 사회에도 아직도 사라지지 않은 전근대의 그 원시적 망령이 광고에 빙의되어 부리는 심술이 아닌가 한다. 이에 휘말리는 청소년들의 자유롭지 못한 천편일률적인 이성관이 부디 성인이 되어서는 바뀌길 간절히 바란다.

"너는 어떤 스타일의 이성을 좋아하니?"
"어 우선 옷 잘 입는 애가 좋고요……"

17. 우리나라 최고의 기념일은?

단군 할아버지와 예수님이 싸우면 누가 이길까?
'단군'할아버지의 의도와는 다르게
우리나라에서는 성탄절이야말로 민족 최대의 기념일이다.
결국 우리나라 사람들은 예수님 편이다.

필자가 여행한 외국은 딱 2개국뿐이다. 하나는 물리적으로 우리와 가까운 '일본'이며 하나는 심리적으로 우리와 가까운 '미국'이다. 이 두 나라는 정치, 경제, 사회, 문화 등 다양한 면에서 우리와 긴밀한 관계를 맺고 있다. 물론 그 관계가 우리만 감지하는 일반적인 외사랑 관계일지도 모르지만 말이다. 어찌되었건 우리는 그 두 국가와 교류가 많다. 그런 만큼 필자의 여행 선택은 필연적이었던 것 같다. 공교롭게도 두 나라 방문 시기 필자는 그 나라에서 의미 있게 취급하는 기념일을 경험할 수 있었다. 미국의 경우는 아주 오래전 영국 왕실의 지나친 통제에서 벗어날 수 있었던 날인 '독립기념일'이었고, 일본의 경우는 2차 대전 당시 아시아에서 제국주의의 못된 야심에 제동이 걸린 날인 '일본패망일'이다.[2] 그리고 그날은 바로 8월 15일 우리의 '광복절'인 셈이다. 그러나 그 두 독립은 그 의미가 다르다. 하나는 미국시민들 스스로가 일궈낸 자립형 독립이고, 다른 하나는 자립하지 못한 독립, 즉 우리

---

2) 일부에서는 이날을 종전기념일이라고 하지만 이것은 일본인들의 관점이고 한국인들이 보기에는 명백한 패망일이다.

국민이 싸워 이긴 날이 아니라는 것이다. 물론 피 흘려 싸운 축적의 결과라고 할 수도 있지만 어찌되었건 그 자립해서 독립한 나라의 도움으로 얻어낸 반쪽짜리 기념일인 것이다.

우리나라에는 두 가지 성격의 기념일이 있는데 하나는 그 기념체험을 가능하게 하는 날과 다른 하나는 체험이 불가능하거나 체험하는 것조차 세련되지 못한 사람으로 취급하는 날이다. 우선 체험 가능한 날을 열거하면 성탄절(12월 25일), 할로윈데이(10월 31일), 밸런타인데이(2월 14일) 등이며 체험 불가능한 날은 광복절(8월 15일), 개천절(10월 3일), 제헌절(10월 3일) 등이다. 이쯤 되면 뭘 어떻게 체험이 가능하다고 하는 것인지 짐작이 갈 것이다. 우선 '성탄절'은 약 2,000년 전 예수 그리스도가 탄생한 날로서 이를 기념하는 날인데 이날을 기념하려면 신용카드를 마구 긁어서 외식을 하거나 이유 없이 선물을 사거나 젊은이들은 술을 밤새도록 마시면 체험 가능하다. 그야말로 소비로 실천 가능한 날이다. 그리고 할로윈데이는 예수 태어나기 500년 전 아일랜드 켈트족의 풍습이 미국으로 건너와 밤이면 귀신 분장한 어린이들이 과자를 줄 것을 요구하며 집집마다 돌아다니는 날인데 이는 우리나라 유치원, 어린이집 등 초등교육기관에서 성행하고 있는 날이다. 물론 과자를 사고 귀신복장을 구매하는 소비로 실천 가능하다. 그리고 '밸런타인데이'는 예수 태어난 지 300년경 원정하는 병사의 결혼금지를 반대한 '밸런타인'이 처형된 날로 우리나라에서는 여성이 남성에게 초콜릿을 바치는 날이다. 물론 초콜릿을 구매해야 그 체험이 가능할 터인데 바로 소비로 가능하다.

반면에 실천 불가능한 '광복절'은 일본이라는 이웃나라로부터 35년 동안 지배를 받다가 그 지배가 끝이 난 날이다. 그래서 그 기념일은 그 명칭 그대로 빛을 다시 본 날이다. 그러나 우리는 이날 뭘 어떻게 해야 할지 모른다. 국가적으로 가장 중요한 날이어서 국기를 우선 걸어야 하지만 이를 실천하는 사람은 드물다. 방송으로 생중계되는 기념식을 보자니 주위 사람들로 하여금 비웃음이 두렵다. 그 어떤 체험도 지시되지 않았기에 그냥 맨송맨송 지내거나 멀리 여행을 떠나 버리는 이도 있다. 그래서 필자도 그날을 이용해 한번은 용감하게 일본을 다녀왔다. 참, 얼마 전 어떤 정치인들은 골프를 치는 날로 이해한 듯했다. '개천절'은 민족이 개국한 날이다. 그러나 이날도 역시 뭘 어찌해야 할지 모른다. 곰이 되어 보거나 호랑이가 되어 보기 위해 그 거대한 인형머리를 머리에 써야하나, 마늘을 먹어 보거나 하라고 지시를 했다면 그래 보기라도 하겠지만 이도 이상할 노릇이며 오히려 제주도에는 '테디베어'라는 이상한 국적의 곰을 기리는 박물관이 있다고 하니 거길 방문해 보는 것도 좋을 듯하다. 왜냐하면 너무나도 따분한 날이기 때문이다. '제헌절'도 마찬가지다. 우리나라가 처음으로 헌법을 공포한 날이지만 국기를 달기란 그리 신나는 일이 아니다. 그렇다고 해서 대법원을 방문할 수도 없고, TV의 기념식은 너무 재미없으니 거리로 뛰쳐나가서 법을 어겨 보기라도 해야 우리나라 헌법을 체험해 볼 노릇도 아니고 참 답답한 날이기도 하다.

이렇듯 체험 불가능한 날 TV를 켜면 광고주가 이날을 어떻게 보내야 한다는 권고조차 하지 않는다. 그야말로 소비로 실천하기 위한 마케팅 아이디어의 손길이 아직 미치지 못한 듯하다. 그런데 문제는 그 상업성으로 물든 기념일 지적보다는 바로 근본적으로 그 기념일 등장의 중요성에 대한 국민적 합의다. 우선 실천 가능한 날 중 하나만 고른다면 단연 '성탄절'이다. 왜냐하면 예수가 태어난 날은 우리나라의 독립을 도와준 나라 미국에서도 가장 중요한 날이기 때문이다. 그러니 우리도 이날은 그 어떤 종교 기념일보다 가장 중요하게 기려야 하는 것은 당연한 이치다. 그래서 우리 국민은 이날을 중요하다고 합의했다. 물론 이날이 왜 이리 중요해졌는지의 근원은 알 수가 없으나 어찌되었건 미국의 기념일의 중요도와 무관하지 않아 보인다. 그러나 우리의 독립을 도와준 나라는 너무나도 많으며 더욱이 한국전쟁 때 도움을 준 나라가 꽤 된다. 그렇다면 우리를 도와준 나라에서의 종교일 모두를 일일이 조사하여 우리의 기념일로 의식해야 하는 것은 아닐까? 유독 특정 종교, 성탄절을 기념일로 인정함은 문제의 소지가 조금이라도 있다고 본다. 필자가 만약 무슬림이었다면 라마단을 1개월 모두 쉬게 정부에 요청한다면 인정될 수 있을까? 이미 소비로 실천하는 날로 더렵혀진 우리나라의 성탄절은 아무런 의미가 없으며 더욱이 종교에 있어서 무한한 자유가 허용되는 우리나라에서 특정종교의 기념일을 기념하여 휴일화하는 것은 명분이 그리 많아 보이지 않는다.

그리고 그 실천 불가능한 날 중 하나만 고른다면 바로 '광복절'이 있다. 이날도 우리의 독립을 도와준 나라 미국에 의해 만들어진 날이니 기념하기 마땅한 날이다. 그런데 과연 그럴까? 사람들은 비록 그 실천이 모호하지만 이 광복절을 우리에게 최고로 중요한 날로 합의했다. 아니 해방의 기쁨만을 국가 최고로 축하해야 하는 것으로 교육받았다. 그러나 필자의 생각은 좀 다르다. 아니, 다르기에 우리 사회의 그 축하합의에 혼날지도 모르지만 부디 관대한 마음으로 한 번 이해해 주길 바란다. 우선 이날은 우리가 스스로 일궈낸 미국의 독립기념일과는 근본적으로 다르다. 그래서 그 가치가 그리 높지 않다고 본다. 물론 많은 독립투사의 희생과 순교 그리고 무엇보다 일제압박의 설움을 견뎌낸 시민들의 노력의 결실이라고도 한다. 그러나 분명 타국의 손에 그 독립의 기회를 놓친 그리 기쁘지만은 않은 날이다. 오히려 그래서 많은 사람들의 노력과 희생을 슬퍼해야 하는 날이 아닌가 한다. 더구나 우리나라 역사에서 그 수많은 외세침략은 너무나도 빈번했고 그래서 우리의 영토는 이방인들의 출몰이 이루 헤아릴 수가 없을 만큼 많았다. 그 중에 '일본'이라고 하는 나라는 그 수많은 외세 중에 하나에 불과한 별 비중 없이 취급될 나라가 아닌가 한다. 결국 일본이라고 하는 별 볼일 없는 나라의 침략에서 벗어난 날을 민족 최고의 기념일로 손꼽는 것은 우리 스스로가 일본을 이미 범접할 수 없는 거대한 대국으로 인정하는 것으로도 볼 수 있기에 다소 이상한 애국심이 아닌가 한다.

또한 광복절을 기념할 때 빼놓을 수 없는 것이 바로 대한민국의 건국기념과 연관시켜 기념하는 것인데 그 수많은 침략국 중의 하나에 불과한 일본으로부터 벗어난 이후부터의 우리 자립을 건국으로 취급함은 진정 우리의 최고 기념일이어야 하는 ‘개천절’의 유명무실함을 인정하는 것이기도 하다. 필자는 학창 시절 한국사의 시작을 분명 ‘단군’님으로부터 배웠다. 그래서 ‘개천절’은 우리 민족국가의 건국일로 그야말로 ‘하늘이 열린 날’이다. 다시 말해 필자가 생각하는 민족 최고의 기념일은 광복절이 아니라 바로 우리 하늘이 열린 날이어야 한다는 것이다. 혹자는 필자가 주장하는 날은 모든 민족들이 갖고 있는 웃지 못 할 ‘신화’에 불과한 날이니 근대국가로서의 건국과는 거리를 두어야 한다고 할지 모르겠다. 그러나 그렇다면 대한민국은 진정 우리의 근대 정부가 들어선 ‘대한민국 임시정부’ 수립일은 왜 기념하지 않을까 한다. 그러면서 유독 뭐든 우리 역사에서 별 볼일 없는 ‘일본’이라는 나라에서 벗어난 날 ‘광복절’로부터 우리 역사의 시작이라면 우리는 학창 시절 그 긴 ‘한국사’를 왜 달달 외워야 했으며, 왜 ‘단군’을 알아야 했는가 말이다. 결국 그렇게 따져 본다면 우리의 역사는 미국보다 짧은, 그것도 70년도 채 안 되는 일천한 신생국가인 셈이다. 그러나 우리의 역사는 미국과 좀 달라야 하지 않을까?

솔직히 어린 시절 집 앞 개천을 동네사람들이 대대적으로 청소하던 날이 공교롭게도 ‘개천절’이라서 개천절은 개천을 청소하는 날로 알았다. 그런데 우리나라의 최고의 기념일이 그 개천절이어야 한다는 소망을 품게 된 후 미국에서 건너온 '성탄절'의 그 세속적 관심들마저 부럽게 되었다. 사실 미국에서는 미국 최고의 기념일인 '독립기념일'을 그 성탄절 못지않게 기념하며 나라가 들썩들썩한다. 가장 행렬부터, 백화점의 바겐세일 등등 상업적이든 공익적이든 온 나라가 축제의 날이다. 저녁하늘은 불꽃놀이가 각 도시들마다 장시간 장관에 장관을 이룬다. 결국 우리 스스로 독립을 한 건지, 아니면 건국을 한 건지, 수많은 외세 중 하나에 불과한 일본이라는 별 볼일 없는 나라에 벗어난 날인지 그 의미가 묘연한 '광복절' 말고 우리의 5,000년 역사를 그대로 담는 국사 시작과 동시에 당당하게 우리 하늘이 열린 날, 바로 그 '개천절'을 떠들썩하게 미국 최고의 날처럼 광고주의 관여가 되어도 좋으니 들썩들썩했으면 한다.

"광고주님들 제발 부탁이니 우리나라 최고의 기념일, 하늘이 열린 날인 '개천절'을 미국의 독립기념일처럼, 성탄절처럼 인기 있게 관심 가져줄 수는 없나요?"

때론 우리나라는 '정치가님'들보다 '광고주님'들이 더 사려 깊지 않은가 한다.

18. 사정없이 커진 라벨

의류 상표는 목뒤에 숨겨져 있다가
젖꼭지 부분에 작게 자리 잡았다.
그리고 현재는 가슴팍에 꽉 차야 맛이다.
아마 나중에는 옷 전체를 뒤덮어야 할 것이다.

우리나라 사람들은 '브랜드 탐'이 심하다. 어린 시절 못 먹고 자랐던 사람이 성인이 되어서 먹을 것을 밝히는 것처럼 그 시절 브랜드를 못 걸치고 성인이 된 사람들이 브랜드 탐을 심하게 내는 듯하다. 사실 오래전 우리 모두 배고프고 헐벗지 않았는가 한다. 그래서 살 만해진 요즘 그 호사는 그 불쌍한 과거를 보상이라도 하듯 당연한 것으로 여길 수도 있다. 그런데 그 한풀이가 이제 와서 심리적 성인병의 일종으로 '명품소비'라는 병적인 현상까지 낳았으니 어찌 문제가 없단 말인가.

얼마 전 거리를 걷다가 사람들의 재미있는 옷차림을 보았다. 특정브랜드의 로고 혹은 상표가 옷가슴 한쪽을 크게 메울 정도로 새겨진 옷이 대세라는 것이다. 자기 개성이니 어느 누구도 뭐라 할 수 없겠지만 과거 스포츠 용품 브랜드에서나 있을 법한 광경이었다. 한때 80년대 미국스포츠 브랜드인 갈고리 모양 로고를 티셔츠 한복판에 크게 보여주고 다니는 것이 유행이었다. 아니, 원한다면 지금도 그러한 티셔츠는 얼마든지 입을 수 있다. 말하자면 "나는 미국 갈고리회사 사람이요." 혹은 "저는 그 갈고리브랜드의 충성자요."라며 직원도 아니면서 움직이는 광고매체가 되어 주는 셈이다.

그렇다고 해서 모든 브랜드 양산품들이 자사상표를 이렇게 소비자를 이용한 매체방식으로 크게 광고하지는 않는다. 자동차는 자동차 엉덩이 위에 아주 작게, 식료품도 어느 구석에 작게, 그리고 전자기기도 마찬가지다. 그러나 유독 이 의복만은 그렇지가 않은 듯하다. 목뒤에 붙어 있어야 할 상표가 젖꼭지 위치에 작게 표기되다가 급기야는 왼쪽 가슴 하나 가득 말 타고 폴로경기를 하는 사람, 자전거를 타는 사람, 개모양 등으로 보기에도 민망하게 커져 버렸다. 물론 용기 있게 적극 수용하는 자들의 그 자랑스러운 사고방식도 적극 존중한다. 그래서 필자의 촌스러움은 그 유행을 이해하지 못하고 민망해하는 것일지도 모르겠다. 그러나 분명한 것은 기존의 의복에서 상표의 크기와는 비교할 수 없을 정도로 너무나도 커져 있다는 것이었다.

이는 단순히 유행이라고 해서 무관심해 버릴 수도 있겠지만 이미 호기심은 필자를 그 상표매장으로 안내하고 있었다. 그냥 물어보기가 쑥스러워서 옷을 고르는 척하다가 점장쯤 되어 보이는 점원에서 조심스럽게 물어보았다. 그 직원은 이런 답변이었다. 브랜드의 본사, 즉 외국에서 한국 시장을 마케팅 조사한 결과 한국인들은 품질도 품질이지만 '상표'에 더 관심이 많다고 하며 그래서 이렇게 한국 사람들이 좋아하라고 상표를 크게 새기는 것이라고 했다. 그렇다면 국내 상표는 왜 그러느냐고 물어보았다. 그것도 괜히 덩달아 그러는 것 아니냐고 반문했다.

어떤 면에서는 필자를 포함해서 한심한 우리나라 사람, 또 어떤 면에서는 너무나도 현명한 우리나라 사람의 구매방식이라는 생각이 들었다. 왜냐하면 우선 전자는 기호에 불과한 상표에 민감한 단선적인 사고방식이고 후자는 그 단순한 기호 하나에 모든 품질이 담겨져 있다는 믿음, 즉 깊고 깊은 사고방식이다. 그런데 필자가 보기에는 세계 짝퉁 순위 2위(1위는 중국)로서 수요가 늘 넘쳐나는 우리나라의 상황에서 우리나라 사람들의 구매심리가 그리 깊은 맛을 지녔으리라고 보지는 않는다.

외국 여행을 하다 보면 극동아시아 3국(한국, 중국, 일본)의 인종들을 구분해 낼 수 있다고 하는데 바로 그들의 복장에서라고 한다. 즉 일명 패션이라 일컬어지는 스타일에서인데 우선 일본인은 세련된 복장이기는 하지만 그렇게 요란하지는 않다고 한다. 다시 말해 울긋불긋하지 않다는 것이다. 쉬운 말로 튀지 않는다는 것이다. 그래서 일본인임을 한눈에 알 수가 있다. 그리고 중국인은 그야말로 촌스러움의 극치라고들 한다. 물론 요즘은 덜하다고 하지만 동시대의 패션을 공유하고 있지 않은 듯이 보이며 어떤 면에서는 우리나라 농촌의 순박한 사람들과 같아보여서 더 친근하다고 한다. 그래서 중국인임을 한눈에 알 수 있는 것이다. 마지막 한국인은 세련됨을 과시하려고 하는 그 노력의 흔적이 너무나도 뻔히 보인다는 것이다. 각자 제일 뽐낼 수 있는 옷을 준비해 가는데 물론 가장 비싼 옷이다. 그리고 사정없이 커진 브랜드도 한눈에 볼 수 있어야 하는 것은 기본이다. 때론 평소에 쓰지도 않던 낭만의 극치를 달리는 모자까지 착용하고 명품에 속하는 선글라스까지 쓴 자들은 분명 한국인이라고 한다. 다시 말해 한눈에 진득한 '여행자'라기보다 부산한 '관광객'으로 자신의 외모를 과시하면서 세계를 누빈다는 것이다. 그렇게 튀어서 그런지 외국에서 소매치기 대상의 1순위가 바로 한국인이라는 소리를 얼핏 들은 듯하다. 좋은 뜻으로는 세계적으로 타고난 '패셔니스타'이며 언짢게 말하자면 세계적으로 타고난 '허세니스타'가 아닌가 한다.

우리는 이미 오래전부터 '유교'라는 종교로 우리의 생활방식을 엄격하게 통제하며 살아왔다. 아니, 지나칠 만큼 금욕을 미덕으로 여기며 살아왔다. 그렇다고 해서 우리만 그런 것은 아니다. 극동아시아의 3국, 중국도 그렇고, 일본도 그 유교의 영향에 모두 속해 있었다. 그러나 한국을 제외한 두 나라는 그 영향의 단절을 공표한 셈이다. 우선 중국의 경우는 '사회주의 혁명'으로 유교가 완전히 사라져 버렸다. 물로 발상지로서 요즘 부활 혹은 회복의 조짐을 보이고는 있지만 오히려 남성의 무대가 부엌으로 취급되는 걸 보면 분명 사라졌다. 일본의 경우는 아시아의 서구사회라고 할 정도로 근대화의 걸림돌인 유교를 이미 버렸다. 그런 만큼 지극히 개인적인 사고방식이 확고하게 자릴 잡아서 문제가 없다. 그런데 우리는 아직도 유교라는 미명 아래 서열이 있고, 위계가 있고, 집단주의가 있다. 그러한 통제 속에서 우리는 자신의 혁명적 속내를 입 밖에 낼 수 있음을 아직도 금기시하는 시대에 살고 있다.

물론 '끼' 있는 자들은 속내를 서슴지 않고 표현하고 외치지만 이는 일반적이지 않다. 그래서 집단에 민감하고 남의 이목에 관심이 많다. 그러나 패션은 그 타파를 대신 가능하게 해 준다. 이를테면 늘 개성을 추구하는 복장은 답답한 집단주의를 벗어나게 해 주고, 늘 세련을 추구하는 복장은 위계보다 젊음의 우월함을 말없이 외치게 해 주고, 늘 변신하는 재미는 서열을 잠시 잊게 만든다. 결국 이 모두는 바로 우리 가슴팍에 그 사정없이 커진 라벨의 옷으로 간단하게 체험 가능할 터인데 이도 따지고 보면 다시 그 서열, 위계, 집단주의로 회귀하는 꼴이니 엄밀하게 말해서 자유는 아니다. 왜냐하면 그야말로 '빅라벨 현상'은 젊은이 집단에서만 일어나는 현상이며 서열상 그리 수준 높은 패션위치가 아니다. 더욱이 그러한 빅라벨에 동참하는 자체는 한국사회의 위계를 구분 짓는 '구별 짓기'에 불과하니 말 다한 것이다.

어릴 적 필자는 유명브랜드의 옷을 입은 아이들이 부러웠다. 그리고 도시락 반찬으로 고기니, 소시지니 하는 반찬을 밥 먹듯이 싸 가지도 못했다. 그래서 식탐도 어느 정도 있고, 브랜드 탐도 어느 정도 존재한다. 그러나 그럼에도 불구하고 그 '빅라벨'은 '노땡큐'다. 왜냐하면 그 유행을 추종하는 낮은 위계보다 높다는 착각을 갖고 있기 때문이다. 한심하지만 필자도 깊은 맛이 느껴지지 않는 한국인임에 틀림이 없는가 보다.

19. 세계에서 가장 긴 분수대

필자가 외국인 친구에게 보여주기 창피한 청계천의 상류 부분이다.
현재 우리는 마시는 물을 정수해서 먹는다.
그리고 발 담글 개천 물도 정수해서 담근다.
왜냐하면 우리는 소중하니까.

청계천 하류는 폭이 넓어서 건너기도 힘들고 물살도 세다. 그래서 각자의 어린 시절마다 경험했을 법한 추억의 개천을 연상케 한다. 난개발로 고향을 잃어버린 서울출생의 사람이라면 그 그리움을 오랜만에 느껴보는 그래서 실향민 아닌 실향민의 설움을 달랠 수 있는 장소가 바로 '청계천'이다. 그도 그럴 것이 서울관광에서도 청계천은 빼놓을 수 없는 명소가 되었고 한 조선왕조의 이름을 딴 최고판매부수를 자랑하는 신문에서도 그 가치를 늘 찬양하는 듯하다. 그런데 필자가 그 찬양에 동참하고 싶은 청계천의 위치는 사실 그 찬양의 신문사들의 즐비한 상류가 아니라 하류에서다. 그리고 외국인 친구에게 자랑하고 싶은 위치도 얼마 안 가서 이순신 장군과 세종대왕을 볼 수 있는 위치가 아니라 바로 그 하류다. 사실 필자는 상류, 더 가서 청계천의 수원지를 너무나도 싫어해서 외국인에게 보여주기가 창피하다는 생각이 들 정도다.

물론 잘 조성된 청계천의 상류는 너무나도 말끔하며 그 주변의 상점, 특히 커피전문점은 개천의 낭만을 배경으로 서울도시의 광고효과를 톡톡히 누리고 있다. 그래서 때론 특정장소는 유럽 어느 도시의 한가로운 강변처럼 그 낭만의 극치를 보여주기도 한다. 결국 굳이 광고가 없어도 '콩다방'과 '별다방' 더 나아가서는 브라운색 계열의 짝퉁이지만 커피전문점이라도 그럴듯한 주변 입점은 늘 가능한 듯하다. 그래서 청계천의 그 말끔하기만 한 낭만 때문에 개천 배회자들의 절반은 기꺼이 그 낭만커피를 마시고야 말 것이라고 본다. 결국 탁월한 난개발이었음을 가끔 느끼곤 한다.

그런데 청계천의 낭만은 상류로 올라가면 올라갈수록 사실 '낭만'이 아니라 '과학'임을 깨닫게 되는데 굳이 이해하려 해도 이해되지 않는 기형적 모양의 '샘'임을 누구나 알 수가 있다. 유명하다고 하지만 국적도 알 수가 없는 작가가 우리의 민물하천에 바다소라모양의 거대한 구조물을 시작으로 수원지를 조성해 놓았다. '청계천'이라는 그 이미지와는 아무리 애를 써 봐도 이야기가 연결되지 못하고 그래서 우리 서울의 대표적 하천 수원지로 조성된 곳이라고 보기에는 그 국적 또한 애매하다. 도심 한복판에 '바다소라'의 시작으로 서울의 정기를 한가득 담은 청계천? 그렇게 만들어 준 작가의 역량이 세계적으로 하늘을 치솟을지는 몰라도 600년 古都, 서울의 생리를 너무나도 모르는 문외한이 아닌가 한다.

사실 이 청계천은 자연하천으로서 비가 많은 계절은 그 수위가 높아져 서울도심의 물난리를 만들어 놓는 주범이면서 대부분의 시간이 이른바 '건천'으로 더러운 물이 늘 고여 그리 낭만적인 하천이 못 되었었다. 아니나 다를까 조선시대에는 이 애

물단지 개천을 똑바르게 정비하여 한 줄로 흐르게 한 이유가
다 거기에 있다고 한다. 그래서 청계천의 이름도 사람의 손으
로 열게 된 '개천(開川)'으로 우리가 일상생활에서 주로 쓰는
단어 '개천'이라는 이름의 주인이 바로 오늘날의 청계천인 것이
다. 물론 지금 우리의 입에 붙어 버린 그 이름, 청계천은 일제
강점 초기 때 일제가 부여한 것이니 좀 화가 나지 않을 수가 없
다. 그러나 이 자연천은 한국전쟁이 발발한 바로 8년 뒤 복개
공사를 시작해 20세기 내내 가려져 있었다. 그래서 서울시민은
청계천의 실체도 모른 채 청계천이라고 부르며 서울도심의 이
정표로 활용하였다. 그러다가 서울을 많이 사랑하는 한 지도자
가 청계천의 실체를 복원하기 위해 많은 반대, 즉 난개발을 무
릅쓰고 빛을 보게 했다. 애물단지 하천을 서울도시의 그럴듯한
'랜드마크'로 자리 잡기 위한 야심찬 프로젝트였다. 무엇보다
주변 상인들과의 마찰이 그야말로 난(難)의 개발이었지만 원만
하게 설득되었다니 믿을 수밖에 없다. 그러고 나서 2년 3개월
만에 청계천은 밝은 빛을 당당히 볼 수 있게 되었다.

새로 태어난 청계천은 조선왕조가 무엇보다 걱정했던 악취
를 풍기는 건천이 아니었고 얼마든지 그 수량이 조절 가능해서
범람은 기우가 되어 버렸다. 그리고 무엇보다 낭만적인 공간이
되어서 사람들이 지나치게 꼬여 어떤 날은 한가로운 개천이 아
니라 무슨 '행사(event)'나 '장'이 열렸나 할 정도다. 어찌되었
건 육안으로는 성공적인 복원이었다. 그러나 개천에 대한 내막
을 살펴보면 '과연'이라는 단어가 떠오르며 이렇게 많은 깨끗

한 물이 어디서 나오는지 궁금하지 않을 수가 없는데 사실 건기 때도 그렇게 샘솟는 개천은 영험하기까지 하다. 그 이유는 바로 '과학'이다. 청계천 공식 복원 즈음 방송에서는 한강의 물을 끌어와 정수를 한 후 청계천에 흘려보내기에 이렇게 맑고 깨끗한 물을 사시사철 볼 수 있음을 설명하였다. 게다가 세계적으로 유명한 작가가 조성한 소라모양의 수원지 조성은 너무나도 멋있어서 '혀를 내두를 정도'라는 표현이 어울리게 극찬을 했었다. 그러나 필자는 그 앵커맨에게 "복원이라며?"라는 반문을 했으나 쌍방향의 새 시대가 열렸다던 요즘 방송도 이를 대답해 주진 못했다. 앵커맨은 계속 내 질문에 딴소리만 했다.

현재 청계천은…… 아니, 개천은 하천이 아니다. 도심 공원 어디서나 볼 수 있는 물기둥 '분수'에 가깝다. 왜냐하면 얼마든지 수량조절이 가능하며 서울특별시청 직원이 버튼 하나만 누르면 중랑천은 청계천물과 만나지 못하게 되는데 그렇다면 청계천은 '천(川)'이 아니라 '청계분수대'다. 더욱이 수원지가 어딘지 알 수가 없는 무당 옷과 같은 색의 거대한 소라에서의 시작은 분명 분수대임을 증명해 준다. 어떤 이는 이렇게 말할 것이다. "분수대건 하천이건 지금 좋아 보이는데 무슨 말이 그렇게 많으냐"고 말이다. 그러나 한번 상상해 보자 온전하게 복원된 개천(청계천이 아닌)을 말이다. 북악산 인왕산에서 흘러나온 물이 흘러 흘러 한강으로 가는 모습, 그리고 주변에 소라가 아닌 기와정자가 놓이고, 국적을 알 수 없는 다양한 모양의 다리가 아닌 '수표교'를 비롯한 원래 24개의 다리복원, 또 건천의 시기 때 흐름은 적지만 풀들이 무성한 수변에 별다방, 콩다방이 아닌 인사동 분위기의 즐비한 상점과 전통찻집 그리고 무엇보다 관광용으로 필요하다면 '관리요원' 말고 덕수궁 수문장 교대식사람들이라도 끌어와 빨래라도 하는 모습을 연출하는 것 말이다. 무엇이 더 좋아 보이는가?

진부한 얘기지만 초등학교 시절 선생님이 늘 일러 주시던 것처럼 '한국적인 것이 가장 세계적인 것'이라고 배웠다. 그리고 이 유치한 시절의 배움은 아직도 유효한 것 같다. 그렇다면 청계천은 우리의 하천의 원래 모양 그대로 복원되었으면 했다. 기와를 보고 싶어서, 정자를 보고 싶어서 온 외국 친구한테 서구 신도시의 극치를 달리는 청계분수대를 보여주기는 정말 싫었다. 분수대의 시작부위는 더더욱 보여주기 싫었다. 그래서 아이디어를 냈다. 우리나라에는 세계에서 제일 긴 분수대가 있는데 보러 가시겠습니까? 흔쾌히 "예스" 하기에 보여주기 시작한 곳은 청계분수대의 하류부터, 이게 무슨 분수대냐고 질문하기에 사람들이 많이 꼬이는 청계분수대의 둔치를 걸어서 걸어서 도착한 곳은 바로 그 거대한 '소라'가 있는 곳.

"와우!"
"원더풀!" "원더풀!"
"이츠 테러블리 라지 파운틴."
"유 아 롸이트."
"와우!"

20. 미국 최고의 교육도시는 '보스턴', 한국 최고의 교육도시는 '대치동'

학원가 사진을 찍으려고 대치동을 돌아다니다가
사진을 하나도 찍지 못했다. 왜냐하면 학원 경비 분들이
사진 찍는 것에 대하여 몹시 격노하셨다.

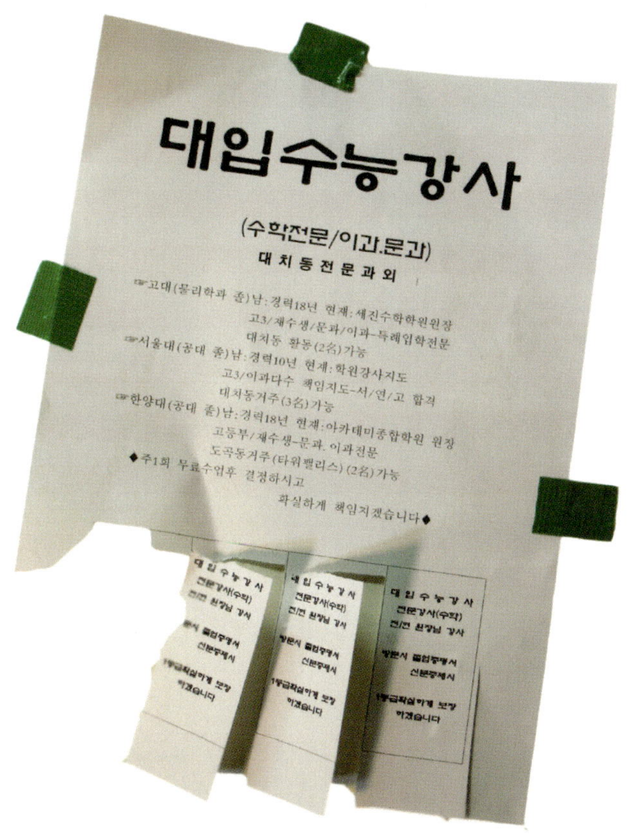

그래서 할 수 없이 가로수에 붙은 과외전단지를 찍었다.
사실 광고의 원초적 시작이 바로 이런 전단지가 아니었던가?

우리나라 최고의 학부를 나온 독설가, 신해철 씨가 우리나라의 지나친 사교육에 대하여 또 한 번의 속 시원한 독설을 언젠가는 하리라고 필자는 내심 기대했다. 그러나 미안하게도 얼마 전 그는 그 기대와 달리 한 학원광고에서 학원등록을 권장하는 광고를 하고 말았다. 때론 일면 옳은 소리로 사회를 떠들썩하게 하지만 그도 어쩔 수 없이 우리나라 부모로서 사교육을 인정할 수밖에 없는가 보다.

본래 '사교육'이란 국가에서 제공하는 공교육 외의 교육, 즉 사립교육기관의 돈으로 유지되고 운영되는 교육을 말하는데 우리 사회에서는 교육사업을 하는 사람 측에서의 의미보다 배우는 사람 측에서 국가가 제공하는 것 외의 모든 것을 의미한다. 그런데 우리 사회는 그러한 사교육을 국가에게 책임져 달라고 요구하는 것이 당연한 것으로 여긴다. 그래서 대부분의 학부모들은 그 사교육비 때문에 못 살겠다고 아우성이다. 어떤 어머니는 그 사교육비, 즉 애들 학원비를 충당하려고 '단란주점'에서 노래도우미로 일한다고 한다. 정말 어처구니없는 희생이다. 또 어떤 어머니는 등이 휠 정도로 음식점 홀서빙을 하는

데 듣기만 해도 몹시 속상한 일이다. 그러나 우리 사회에서 이 당연한 학부모 역할은 멈출 수도 없는 노릇이다. 우리는 도대체 왜 이 사교육을 해야 하는 것일까?

필자는 아이큐 테스트를 한 번도 받아 본 적이 없다. 그래서 필자의 아이큐가 몇인지 모른다. 사실 알기 싫었다. 셈을 유난히 싫어했던 필자는 아이큐가 그리 높지 않을 거라 본다. 그래서 아이큐 점수가 낮게 나올 것이 뻔해 학창 시절 아이큐 테스트 날만 되면 감기에 걸린 것 같다. 그래서 자연스럽게 학교에서 실시하는 아이큐 점수를 알지 못한 채 학창 시절을 보냈다. 그런데 중요한 것은 그럼에도 불구하고 필자도 필자의 지적 능력을 직관으로나마 너무나도 잘 알기에 모자란 부분을 그 '사교육'에서 보충하였다. 그런데 필자가 말하는 사교육이란 요즘 극성인 학원교육이 아니라 형이나 누나를 통해 교육을 받았다는 뜻이다. 모르는 문제가 있으며 형에게 물어봤으며 재미있어 하는 미술은 누나에게서 배웠다. 그런데 여기서 궁금한 것은 그러는 필자의 누나와 형은 필자와 같은 학습의 어려움을 어떻게 해결했을까 하는 것이다.

어린 시절 필자의 집은 '주인집'이라고 일컫는 집에 세를 들어 살고 있었다. 주인집 가족과 필자의 집은 잦은 교류가 있었는데 그 주인집의 형, 누나들이 아마 필자의 형, 누나를 가르쳐 준 것으로 추정해 본다. 왜냐하면 아주 어렸을 때 누나와 형은 책과 공책을 들고 그 집으로 자주 이동하는 장면을 많이 목격했기 때문이다. 물론 과거에도 사교육이 존재했지만 지금과 같이 이렇게 시회 병리적 현상지경은 아닌 것 같다. 다만 몇 안 되는 공공도서관에 새벽같이 줄을 서서 '나 혼자 공부'를 하려고 하는 착실한 학생들에게 칭찬의 TV뉴스와 신문기사가 종종 등장할 뿐이었다. 결국 당시에 사교육은 학생들 각자의 문제이지 사회적으로 해결해야 할 심각한 교육 사안은 아니었다고 본다. 혹시 심각했다 하더라도 이는 학력에 민감한 한국 사회의 현상에 불과한 것이지 국가가 해결해야 할 보편적 교육 정책이어야 하는 것은 더더욱 아니라고 본다.

국가는 국민들이 살아가기에 최소한의 교육으로 사회화시켜 줄 의무가 있다. 그래서 공교육에서의 교육은 최소한의 교육이고 그 교육을 실시하는 선생님들 또한 현재 아주 대단한 교수 과정을 거쳐 교육현장에 투입된 것이다. 이는 우리보다 저개발 국가에서 실시하는 교육의 질은 물론이고 선진국의 교사의 임용과정을 비교해 봐도 우리의 공교육 교사의 질은 손색이 없다고 본다. 그런데 우리는 왜 그 공교육에 만족하지 못하고 사교육을 원할까? 왜 그 공교육을 보충해야 하는 또 다른 교육이 필요하다고 생각하며 그 사교육비까지 국가에서 해결해 달라고 아우성일까? 정말 '이상한 교육'이 아닐 수가 없다.

이렇게 이상한 교육이 되어 버린 것의 원인은 여러 가지가 있겠지만 그중 가장 설득력이 있는 것을 필자의 직관으로나마 4가지를 꼽아 봤다. 그중 첫 번째는 축소될 대로 축소된 '핵가족화'에서 비롯된다고 본다. 과거 삼촌과 고모 혹은 이모나 많은 형제와의 생활은 그 사교육을 대체할 만한 환경이었다고 본다. 같이 거주하는 가운데 삼촌과 고모 혹은 이모는 조카의 학습을 못 도와줄 이유가 없었다. 그리고 형제가 많다면 이도 내리내리 학습지도가 가능한 것이었다. 그래서 부모님이 문맹자라 하더라도 사교육은 지속될 수 있었다. 결국 부모님의 양육의 손길이 부족할 때 그 빈자리를 든든하게 수행해 주는 믿음직한 '학습도우미'가 바로 가족이었던 것이다. 그래서 아주 좋은 일대일 과외 선생님이라고도 할 수 있었다.

두 번째의 이유는 '게으름'이다. 요즘 부모는 과거의 필자의 부모님보다 학력이 월등하게 높다. 대부분의 경우가 고등학교는 물론이고 예전에 우리 부모님들이 꿈도 못 꿨을 대학을 나왔다. 그래서 부모들끼리가 '양육'이 아닌 이른바 '교육관'을 서로들 과시하듯 공유한다. 그런데 문제는 과거의 삼촌, 고모, 이모, 형 누나들과 달리 이 부모들은 자녀학습지도를 하나도 할 줄 모른다는 것이다. 부모가 생계 때문에 그렇다고 쳐도 아직도 상당부분 전업주부인 어머니는 모 유명대학 '영문과'를 나왔고, 어떤 어머니는 유명여대 '수학'을 전공했어도 그 분야에 관한 자녀지도는 이루어지지 않는 다는 것은 정말 이상하다. 다만 자녀를 학원에 자가용으로 옮겨 주기만 하는 역할을 하고 있을 뿐이다. 물론 똑똑한 어머니들은 그룹을 형성해 사교육을 대체하기도 하지만 그렇게 하는 것은 너무나도 특별한 경우다. 사실 유명한 학교를 수석으로 입학한 학생들의 수험무용담 중에 가장 일반적인 것이 착실한 '나 혼자 공부'다. 결국 국가에 사교육비를 내놓으라고 투정을 부리는 부모들의 원래 이유는 부모들의 게으름 탓에서 자연스럽게 비롯된 것이다.

　세 번째는 지나친 '욕심'에서다. 요즘 부모들의 학력이 높은 것은 이상한 일이 아니다. 대학졸업장을 갖고 있는 것은 너무나도 일반적이다. 예전 부모들이 자녀에게 바라는 것은 대학을 졸업하여 경제력을 갖춰 사회의 일원으로 살아가는 것이다. 그런데 요즘 부모는 그 기대를 한참 뛰어넘어 '천재' 혹은 '황태자'가 되길 바란다. 국어, 영어, 수학은 물론이고, 미술도, 음악도, 수영도 잘하기를 바란다. 어찌 사람이 이 모든 것을 잘할 수 있겠는가 말이다. 사회의 모든 분야에서도 1인자라고 하는 사람들도 이토록 다재다능하지는 못하다. 더욱이 그렇지 못하기에 한 분야에 전문가가 되는 것이다. 우리의 부모들은 그 다양한 욕심을 사교육으로 행한다. 그리고 그 욕심에 대한 충족을 국가에게 요구하니 어처구니없는 일이 아닐 수가 없다. 혹 어떤 부모는 사회가 그러한 인재를 요구하기에 그런 욕심은 당연한 것이 아니겠는가 하겠지만 부모들의 그 어림잡은 사회 해석이 하나둘씩 모여 우리의 교육환경이 이렇게 왜곡된 것이지, 전문가가 되기 위해, 유명석학이 되기 위해, 세계적 지도자가 되기 위해, 유명한 문화예술인이 되기 위해 그러한 조건을 요구하는 기관은 우리 사회 어디에도 없다. 다만 유명회사에 근무하면서 수영을 잘하면 멋있을 뿐이고, 유명석학으로서 그림을 잘 그리면 멋있을 뿐이고, 세계적 지도자가 피아노를 잘 치면 멋있을 뿐이고, 유명한 문화예술인이면서 영어를 잘하면 멋있을 뿐이다. 그 멋있어 보이는 다재다능의 욕심을 위해서 국가는 방과 후 학습을 해결해야 하는 크나큰 고민을 안고 있다.

네 번째는 공부를 하는 '동기'가 없는 이유다. 사실 아이 때는 놀기를 좋아해서 공부를 싫어하는 것이 더 정상이다. 그런데 그 싫은 공부에 어린 시절부터 두각을 나타내는 아이들이 있는데 이는 분명한 '동기'를 갖고 있는 아이들에서다. 그 구체적 동기를 3가지로 정리해 보면 그 첫 번째 동기는 '지적 호기심'에서다. 요즘 화제가 되고 있는 아이 '송유근' 군이 바로 그러한 아이인데 학문탐구의 동기가 확실히 형성된 아이다. 두 번째는 '어려운 집안형편'을 일으키기 위해서 일찍이 철이 든 아이들이다. 물론 이 동기는 과거 60, 70년대 누구에게나 공유되었던 학습동기이기도 하여 그 체감이 가장 확실하다. 마지막으로 '유명한 사람'이 되고 싶은 동기에서 비롯된다. 어떤 분야에서건 1인자가 되기 위함일 터인데 이는 사회적 지위와 권력을 취득하는 것과도 연관을 맺는다. 그런데 이러한 동기는 누가 주입시킨다고 해서 생기는 것이 절대 아니라 자연스럽게 자기 자신이 터득하는 가운데 이루어지는 것이다. 따라서 이러한 동기부여가 아직 되어 있지 않은 아이들에게 공교육도 모자라서 사교육을 강요하는 것은 아무 동기 없이 질주한 무의미에 지나지 않는다. 사실 학습동기 자체가 어린 꼬마에게 있다고 생각하는 부모가 이상한 것이 아닌가 한다.

국가는 자국민들에게 우리 사회를 살아가기 위해 '최소한의 교육'을 해 주면 된다. 그래서 국어, 영어, 수학, 과학, 사회,

미술, 음악, 체육 등을 준비해 놓고 있으며 상급학교로 올라갈수록 보다 심화된 교육을 실시하고 있다. 그리고 요즘에는 학부모님들이 공교육에서도 입시 관련 수업형태를 원하셔서 그 다양한 수업이 전면 입시 관련 수업으로 바뀌어 준비된 상태다. 이러한 국가적 배려에도 불구하고 우리나라 학부모님들은 사교육까지 국가에서 해결해 달라고 '최대한의 교육'을 요구하고 있다. 사실 그 요구가 터무니없지만 학부모님들이 현재의 교육세금보다 기꺼이 더 많이 지불하겠다면 가능할지도 모르겠다. 국가에 자기 자녀들에게 공교육 외의 사교육해결을 요구하는 것은 전 세계 어느 나라에도 없다. 사교육은 말 그대로 각자가 공교육 외의 여분의 교육을 원하면 각자가 돈을 더 내고 사교육 기관을 찾으면 되는 것이다. 우리의 학부모님들이 국가에 사교육비 해결을 요구하기 이전에 점검해 둘 부분이 있다. 우선 첫 번째 학부모 자신의 아이큐와 과거 학창 시절의 성적, 두 번째는 자기 자녀의 아이큐와 그 자녀의 현 성적이다. 만약 내 아이의 아이큐와 성적이 학부모 자신보다 상승했다면 다행이지만 그렇지 못하다면 국가가 아닌 자비를 들여서라도 이를 보충할 수밖에 없는 것은 자명한 이치다.

결국 국가가 최소한의 양질의 교육을 해 주고 있음에도 불구하고 아이가 머리가 나빠서, 공부를 못 해서 국가에 그 보충비용을 요구하는 것은 평등하다고 소문난 '사회주의 사회'에서도 좀 이상한 교육이 아닐까 한다. 얼마 전 택시를 타려고 하는데 공부를 잘했다고 소문난 또 한 명의 연예인, '이윤석'씨가 택시

출입문 외벽에서 방끗 웃으며 모 학습지 애용을 권장하고 있었다. 분명 엄마들이 이 연예인의 학창 시절의 명석함을 좋아하기에 그 모델이 된 걸 것이다. 그런데 그 광고모델이 그 어렵다고 하는 명문대학을 나온 것은 남을 웃기려는 연예인이 되기 위해서였을까? 현재 그가 오락프로그램에서 우스꽝스럽게 출연하는 방법을 대학에서 공부한 것일까? 우리나라의 부모님들은 부디 사교육의 족쇄에서 해방되시길 바란다.

이러한 우리 어머니들의 추세라면 머지않아 세계적으로 유명한 교육의 도시, 미국 '보스턴'이 우리나라 최고의 교육도시 '대치동'에 밀리게 될 날이 분명히 올 것이다. 참 기쁜 일이 아닐 수가 없다.

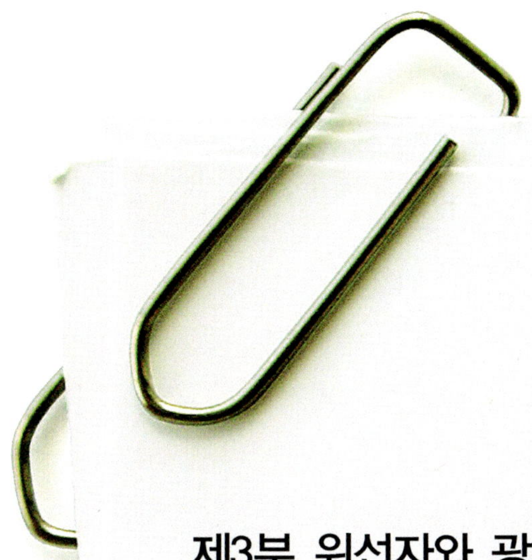

제3부 위선자와 광고

광고에는 얼마간의 과장이 녹아 있다. 그래서 광고를 다 믿어
버리는 것은 곤란하다. 물론 광고를 전적으로 믿어 버리는 소비
자는 없을 것이다. 그래서 우리는 그런 광고의 다소간의 과장을
애교로 봐줄 수 있다. 그러나 요즘 광고란 애교로서 그 의식적
식별이 불가능하게 과장된 수용을 가능하게 한다. 바로 알게 모
르게 우리에게 위선을 강요하는 분위기가 육안으로 확인되지 않
는다는 것이다. 그런 의미에서 제3부는 광고가 우리에게 강요하
는 위선적 사고를 꼬집어 우리 사회의 이상한 면을 살폈다.

21. 황제, 천황, 그냥 왕

우리나라 사람들에게 가장 인기 많은 조선시대
임금은 단연 세종대왕이다. 그런데 중국, 일본 사람들은
우리의 왕들을 거론할 때 뭐라 할까?
우리는 적어도 '황제'니, '천황'이니 극존칭을 써가며 불러주는데…….

우리에게 치욕의 역사를 안겨준 나라 중에 가장 근래의 국가는 '일본'이고 그 장본인은 그야말로 '하늘의 왕'이라 일컬어지는 '천황(天皇)'이다. 그리고 전근대시대 우리를 괴롭힌 국가는 바로 '중국'이고 또 그 장본인은 '하느님으로서의 왕'으로 풀이되는 '황제(皇帝)'다. 이 두 나라는 아주 오래 전부터 우리와 징그럽게 끈끈한 관계를 맺어 왔다. 지리적으로도 그럴 수밖에 없겠지만 사실 그 관계를 좀 멀리할 조건도 현재 있다. 중국은 북한이 버티고 있어서 그렇고 일본은 대한해협이라고 하는 큰 물살이 있어 그렇다. 그러나 이제 와서 이는 아무 소용이 없다. 각종 이기가 그들이 미워도 가깝게 만들거니와 무엇보다 그들의 선진화와 거대함은 우리로 하여금 그들을 찾게 만든다. 결국 우리와 그들은 징그럽게 왔다 갔다 하지 않을 수 없는 사이다.

그런데 그 옛날 치욕의 두 나라의 왕들에게 우리는 '천황'이니 '황제'니 여전히 극존칭을 쓰는 예우를 아끼지 않는데 정작 우리나라의 '왕(王)'은 왜 늘 그냥 '왕'인지 모르겠다. 겸손을 떠는 유교문화에 속하는 세 나라이건만 왜 우리나라만 그냥 아무런 형용사가 붙지 않는 왕일까 말이다. 아니면 '마마', '백성의 아비', '임금'이 있지만 이는 왠지 극존칭이 아닌 듯하다. 우리의 왕에게는 극존칭을 부르지 못하거나 그럴 예우의 단어도 존재하지 않으면서 과거에 못된 두 나라의 왕들에게 하늘에서 내려온 재상의 의미 그대로 불러주는지 때론 필자의 얼굴이 화끈거리게 할 때가 많다. 아니면 아직도 건재한 일본 왕가에 밀려서, '경복궁'보다 훨씬 거대한 '자금성'에 밀려서 그런지 우리는 우리 조선왕조를 너무나도 소박하게 불러오고 있지 않은가 한다. 설사 과거의 두 국가의 권력에 밀려 그 존칭이 존재할 수 없었다는 변명이 있다 하더라도 과거는 과거이고 현재는 우리의 옛 왕조를 치켜세워도 모자람이 없는 시대다.

물론 우리는 문화혁명을 이룬 조선왕조의 '세종'은 '세종대왕'이란 극존칭으로 거론하곤 한다. 그러나 이도 그냥 거대한 왕일 뿐이지 하늘과 연관된 왕은 아니다. 다시 말해 우리 땅에서나 최고지 전 세계를 아우르는 하늘에선 최고가 아니라는 의미다. 그래서 우리는 그렇게 갖은 침략을 당하며 살았는지도 모르겠다. 결국 이러한 이유라면 우리의 왕은 영원히 왕으로 남으며 우리에게 어색하지 않고 익숙한 조선왕조의 최고 권력자의 지칭은 '왕'에 그치고 만다. 그런데 문제는 이를 익숙함으로 끝내 버릴 것이 아니라 사실 우리의 마음속 그 익숙함의 위선을 거두어 버리자는 것이다. 과거에 그 못된 두 나라의 왕조들에 대하여 우리는 대단한 경외감을 품고 있다. 일단 언론은 일본 황실이라고 극존칭 써가며 때론 그 왕가의 동태에 관심을 보인다. 하기야 영국왕실의 왕비의 이혼 후 '이성교제'의 작태를 교육을 전담하는 우리나라 방송에서 애처롭게 장시간 다큐멘터리로 방영하니 그는 보통이 아닌가 한다. 또 우리 민족을 35년간 괴롭혔던 일본가문인 왕가와 일본정부는 확연히 구분됨을 이해하지 못하고 그 왕가의 방한(訪韓)에 대하여 고심하는 꼴이란 현 정부가 '대한민국임시정부'의 한(恨)과는 무관해 보이기까지 하다. 또 자유중국과 결별하고 그야말로 사회주의여도 괜찮은 중공(中共)에 우리 역사의 도적질의 수모에도 불구하고 황제라고 불러주는 우리는 참 착하디 착하다. 때론 과거 세 나라의 권력구도가 지금과 별반 다르지 않음을 인정하는 민족인가 하는 생각이 든다.

몇 해 전 한 TV광고에서 이런 광고 문안을 본 적이 있다. 늘 광고 마지막에 서양식 종을 "딩" 울리는 장면으로 유명한 한 제약회사가 고가의 한방 드링크제를 광고하면서 "황제에게 바친다."라고 하여 중국의 옛 왕실 문 앞에서 붉고 거대한 깃발을 이리저리 흔드는 시뻘건 복장의 신하들을 연출한 적이 있다. 드링크 중에서 최고의 드링크이니 이는 그야말로 하늘의 신이라 일컬어지는 중국 황제에게 바칠 만한 것이라는 서사였다. 이는 우리나라에서 제조하여 황제에게 바치는 꼴이니 학창시절 국사시간에 배운 '조공(租貢)제도'와 다르지 않을 수가 없었다. 다시 말해 조선왕조가 행한 아니 중국 주변 동아시아 왕조들이 모두 행한 그 치욕의 역사와 아주 유사한 연출이었다. 물론 당시 중공과의 정치·관광교류가 이제 막 활발하여 이를 반영하는 것이기도 하여 선량한 광고에 고춧가루를 뿌리는 격일 수도 있다. 그러나 우리의 왕에게 바치면 아니 되는 걸까 하는 의문과 하늘과 관련이 없는 우리의 왕은 너무나도 인간적 이기에 바칠 필요가 없는가 하는 2%의 부족함을 느꼈다.

이렇게 바꾸면 어떨까 한다. 조선왕조 최고의 궁궐, 아니 세계에 자랑할 만한 경복궁 앞에 우리 백성이 유난히 좋아하는 흰색, 청색의 거대한 깃발을 포졸들이 사정없이 흔들면서 "황태(皇泰)에게 바친다."라고 하는 장면 말이다. 사실 여기서 '황태'란 필자 나름대로 조선왕조의 왕에 대하여 극존칭 형용을 해 본 거다. 발음상 우리가 즐겨먹는 생선 황태와 같아서 좀 우스꽝스럽긴 하지만 그래도 하늘과 연관 있어서 두 나라의 극존칭에 비해 빠지지 않는다고 본다. 물론 웃지 못 할 억지이긴 하다. 그야말로 아주 귀한 한방 음료를 극찬하는 표현으로 탁월하게 하기 위해 우리의 옛 왕조를 거론하는 것보다 중국의 옛 왕조를 거론하는 것이 더 어색하지 않다는 생각. 그리고 우리의 왕조를 치욕스럽게 없애 버린 일본의 그 왕조에 아직까지 극존칭으로 써 주는 것이 어색하지 않다는 필자의 위선적 입놀림이 더 밉고, 싫다.

"그래서 왠지 기분이 좀 거시기 하오 잉"

22. 어느 교수님의 제자사랑

본 사진은 아시아 사람을 위한 미국 내 대학의 학생 모집 팸플릿이다. 광고도 몇 개 보인다. 정말 미국에서 유학을 하고 싶다면 이러한 정보는 스스로 찾아보고 탐색하는 수고쯤은 해야 하지 않을까?

UNDERSTANDING
American Education

YOU WILL want to know how the U.S. education system is structured...

School: School begins around age six for U.S. children. They attend six years of primary school. Next they go to secondary school, which usually consists of two three-year programs. These are called "junior high school" and "senior high school" (often just called "high school"). Americans call these twelve years of primary and secondary school the first through twelfth "grades."

Higher Education After finishing high school (twelfth grade), U.S. students may go to a college or university...

twelfth grade in the U.S.A. You also should ask your educational advisor or guidance counselor whether you must spend an extra year or two preparing for U.S. admission. In some countries, employers and the government do not recognize a U.S. education if a student entered a U.S. college or university before he or she could enter university at home.

Study at a college or university leading to the Bachelor's Degree is known as "undergraduate" education. Study beyond the Bachelor's Degree is known as "graduate" school or "post-graduate" education. Advanced graduate degrees include the master's (e.g. M.B.A.) and the Ph.D. (doctorate)...

Some state schools have the word "State" in their names.

2. Private College or University: These schools are operated privately, not by a branch of the government.

Tuition will usually be higher than at state schools. Often, private colleges and universities are smaller in size than state schools.

3. Junior College: A two-year junior college admits high school graduates and awards an Associate Degree. Some junior colleges are state-supported, or public; others are private. You should find out if the Associate Degree will qualify you for a job in your country. In some countries, students need a Bachelor's Degree to get a good job. Junior college graduates usually transfer to four-year colleges or universities, where they complete the Bachelor's Degree in two or more additional years. (Also see "Community Colleges" on page 52.)

4. Professional School: A professional school trains students in fields such as art, law, engineering, business, or other professions. Some are part of universities...

5. Institute of Technology...

　　필자는 우리나라 대학에서 모든 학위를 마쳤다. 외국어 능력도 능력이겠지만 당시엔 특별히 외국유학을 갈 능력이 없다고 생각했기 때문이다. 물론 '한국화(韓國畵) 학도'가 미국에 가서 한국화를 심화하여 배울 필요가 없는 것이라면 당당히 외국에서 공부를 모두 마칠 필요가 없다고 말하겠지만 사람들은 이런 필자를 실력이 부족한 자라고들 말한다. 필자의 학부 시절 대학에는 '대학원'이 설치되어 있지 않았다. 그래서 안타깝게도 당시 필자의 대학의 교수님들께선 국내 타 대학의 대학원으로 진학할 것을 권장하셨다. 결국 교수님들께서는 굳이 외국대학에서의 학위가 불필요하다고 보는 것이었고 우리나라에서도 충분하다는 판단이신 것 같다.

　현재 우리나라의 많은 학자들은 외국학위를 갖고 계신다. 여러 가지 이유가 있겠지만 그 이유들 중에 하나가 우리나라의 학문수학 후 그보다 더 앞서 있는 국가에서의 학습과 이를 우리나라로 유입시키려는 숭고한 사명감의 이유가 아닐까 한다. 물론 그 순수한 학문탐구의 욕구도 중요한 이유이기도 하지만 말이다. 아무튼 이러한 이유에서라면 유학이란 참으로 가슴 벅

찬 학문열정의 최전선이 아닌가 하며 그러한 의도가 정상적인 유학의 목적이 아닌가 한다.

필자가 학부 시절 미국의 모 대학에서 '파견학생'으로 유학의 맛만 잠깐 본 적이 있다. 그 당시 일본학생에게 유학에 대한 일본인들의 의식을 물어본 적이 있다. 뜻밖에도 일본학생들은 유학을 그리 선호하지 않는다고 했다. 갈 이유가 없다는 것이 그의 대답이었는데 그 학생 또한 당시 필자와 같은 신분으로 그 대학에 잠깐 와 있던 터였다. 곰곰이 생각해 보니 그 친구의 모국은 모든 분야에서 우리보다 발달되어 있는 그야말로 '선진국'이었고 나의 모국은 그야말로 '개발도상국'이었다. 선진국이라고 하면 나라의 모든 학문이 가장 최신에 있는 것으로 학문적으로 극도로 세련된 상태여서 굳이 유학의 필요성이 없는 것이었다. 결국 필자를 포함한 우리나라 사람들 대부분이 당연시했던 유학욕구와 그 일본학생을 통한 일본사람들의 사고는 근본적인 차이가 있기에 내심 부럽기도 했다.

그런데 현재 우리나라에는 선진국에서 그런 선진학문을 들여온, 즉 선진국의 학위를 갖고 계신 학자 분들이 아주 많다고 본다. 그리고 그 학자의 학문 축적이란 대한민국 정부수립부터 따진다면 엄청난 축적이라고 본다. 따라서 국가적으로도 유학의 필요성은 지금쯤이면 국내에서 해소 가능한 것이 아닌가 한다. 그런데 우리는 학문을 한다치면 무조건 외국물을 먹어야 한다는 것으로 여기는 게 통념이다. 그런 의도로 국내대학의 한 석사과정생이 박사과정에 지원을 하였다. 그런데 이에 대하여 어떤 교수님은 이런 반응을 보였다.

> "너 여기서(한국에서) 박사과정 왜 하려는 거니?"
> "아 예, 공부를 더 하고 싶어서요."
> "외국으로 나가. 내가 널 위해서 하는 소리인데 외국 나가서
> 공부해."
>
> "아 예, 그냥 국내에서 하고 싶습니다."

그리고 나서 그 학생이 아무 말도 하지 못했다.

다시 한 번 더 우리나라에서는 선진국에서 선진학문을 들여
온 즉 선진국의 학위를 갖고 계신 학자 분들이 아주 많다. 그
런데 그분들은 하나같이 그 선진학위를 갖고 후학들을 키워 내
시는 것보다 또다시 외국에서 공부를 하는 것을 권장한다. 지
도의 능력이 없어서 그러시는지 아니면 무조건 외국을 선호하
시는 것인지 모르겠다. 그 학생은 그러한 교수님의 조언에도
불구하고 국내 대학의 박사과정에서 수학했고 지도교수님의
지도 아래 관심분야를 공부했다. 그리고 현재 모 대학에 몸담
고 있다. 그래서 죄송하게도 그 교수님은 '외국학위가 없는,
우리 사회에서 부족하다고 평가받는 자'라고 했다. 그리고 그
교수님의 대학원 당시 그 충고를 해주신 교수님께 이렇게 마음
을 표현하고 싶었다고 한다.

"당시 그 교수님의 배려는 다소 모순입니다."
"교수님이 외국에서 공부해 오셨으니 이제 저희 학생들을 가르쳐 주셔야 하는 것 아닌가요?"
"교수님도 나가고, 저희도 나가고, 그리고 저희 아래 후배도 나가고……."
"그러면 우리 대학의 의미는 뭐란 말입니까?"

그 교수님은 대학원 당시 지도교수님(역시 외국 학위자)의 연구 분야와 100% 잘 맞지는 않았다고 한다. 그러나 다행히 당시 지도교수님께서는 직접 공부해 가시면서 그자를 지도해 주셨고 그래서 그자는 부족함 없이 많은 공부를 했다고 했다. 그리고 무엇보다 그자의 국내학위를 인정해 주신 그 교수님이 현재 몸을 담고 있는 대학에 깊이 감사드린다고 했다.

가끔 그 교수님에게는 학부생이 찾아와 유학을 가겠다고 인사를 오거나 상담을 온다고 한다. 그때마다 그 교수님은 왜 외국 유학을 가려고 하는지 묻는다고 한다. 그러면 학생들은 자신의 관심분야를 아주 길게 설명하곤 한다고 한다. 그리고 외국의 특정 대학을 거론하는 것은 뻔한 레퍼토리라고 한다. 그에 대하여 그 교수님은 두 가지만 더 질문해 본다고 한다. 그러한 관심분야가 국내 대학들에는 없는가 하는 것, 또 하나는 그 특정대학은 어디서 알게 되었는지 하는 것이다. 우선 첫 번째 질문에 대부분의 학생은 알아보지도 않았다는 것이 100%이고, 두 번째 질문은 95% 정도가 유학원에서 제공하는 광고물에서다. 사실 광고를 가르치는 교수님이셨지만 유학준비자

자신에게 아무런 노력 없이 유학을 알선해 주는 유학원 제공광
고를 별로 신뢰하지 않는다는 의견과 유학이라는 고민, 노력의
흔적이 별로 없음을 지적한다고 한다. 이에 대하여 대부분의
학생들은 수긍하긴 한다고 한다.

사실 젊은이들의 더 배우고 싶은 욕구는 이해하지만 유학이
필수는 아님을 강조해야 한다. 그도 그럴 것이 현재 우리나라
대학의 수준은 외국대학에서 공부하신 교수님들이 각 대학의
80% 이상을 차지하기에 더욱 그러하다. 이에 대하여 어떤 분
은 한 젊은이의 인생을 망치려고 하는 것이 아닌가 하겠지만
국내사정을 전혀 모르는 가운데 오르는 유학길은 오히려 한 젊
은이의 인생을 망치려는 것이 아닌가 한다. 외국학위를 갖고
계신 국내 교수님들께 외람되지만 의견 하나 올린다. 부디 교
수님들께서 배워 오신 선진 학문을 우리 젊은이들에게 모두 전
수해 주십시오. 물론 무조건 외국으로 나가 공부하라고 하시지
는 않겠지만 우리는 언제까지 인재를 외국에서 교육시킨 사람
만을 공수해야 합니까. 얼마 전 미국 '수학능력시험(SAT)'을
알선해 주는 학원관계자가 국제시차를 이용한 시험문제유출범
행이 있었다. 그 범죄자는 자신의 행한 범죄가 창피하겠지만
필자는 그런 욕구가 일반적인 우리 사회에 대하여 세계적으로
더 창피했다.

그 일본 학생의 말처럼 우리나라도 유학이 필요 없을 때도
되지 않았나? 아직 아닌가?

23. 등굣길이
공무수행 길인가?

본 사진은 서울대학교와 아주
많이 떨어진 역에서의 모습이다.
여기서 서울대까지는 아주 멀다.
커다란 언덕을 한참 걸어야
서울대가 비로소 나온다.
그래도 이 역은 명실 공히 우리나라 최고의 서울대역이다.
물론 본 사진에서는 '서울대입구역'이라고 선명하지만
외국인들에게는 "서울내셔널유니버시티"라고 똑똑히 방송한다.

서울, 관악구에는 우리나라 최고로 꼽히는 국립대학이 있다. 원래 서울에 '대학로'라고 일컬어지는 젊은이들 출목지역에 자리 잡고 있다가 1975년 관악산 기슭으로 옮기게 되었는데 그 규모란 거대하며 길을 잃을 정도로 복잡하고 광범위하다. 과연 우리나라 최고의 국립대학으로서의 그 면모는 그 부피만으로도 대단해 보인다. 그러나 그 부피에 걸맞게 아쉬운 것은 옮겨진 관계로 콘크리트 육면체만으로 즐비한 캠퍼스의 외모인데 그리 자랑할 만하지는 못한 듯하다. 똑똑한 대학이기는 하지만 그 캠퍼스 외모는 그리 매력적이지 못해서 사실 방문재미는 별로 없다. 다만 관악산 등반이 더 재미있지 않은가 한다. 그래도 우리나라 고3 수험생에게는 최고로 인기 있는 대학이니 그 외모가 못생겨도 아쉬울 것이 없는 대학임이 틀림이 없다.

그런데 이 대학에 대한 의문점이 2개가 있다. 솔직히 못마땅한 점 2개다. 우선 이 학교의 스쿨버스의 외벽에 쓰인 광고라면 광고고, 아니라면 아닌 문구(文句)에 지나지 않는 것이다. 사실 청와대에서나 볼 수 있는 장식기호 아래 "공무수행"이라는 문구다. 한번은 학회참가로 서울을 방문했을 때 당시 늦어 버린 원인이 필자에게 있긴 했지만 이상하게 잘 빠질 법도 한데 차들이 빠지지 못하고 정체되어 있었다. 그래서 필자는 필자를 태운 시내버스에 잔뜩 화가 나 있었다. 아니나 다를까 저 앞에 정체를 알 수 없는 버스가 학생들을 태우고 있는 것 같았다. 겨우 빠진 시내버스는 그 정체를 알 수 없는 버스를 앞질러 부릉부릉 스쳐 지나가게 되었다. 이윽고 그 버스의 정체확인이 가능했는데 바로 우리나라 최고라고 손꼽는 대학의 명칭이 확인되었고 그 차량 앞머리에는 "공무수행"이라는 글자가 필자의 목을 더 쭉 빼게 만들었다. 선량한 학생들의 등굣길에 뭐라 싫은 소리를 하고픈 마음은 절대 없었다. 그러나 학생들의 등굣길을 그야말로 공무수행을 위한 차량으로 쓰이고 있음, 아니면 학생들을 학교로 실어 나르는 일이 공무수행이라 여기는 것 중 무엇이 정확한 것인지 모르겠으나 교통정체를 야기한 그 차량이 결코 예뻐 보이지 않았다.

우리가 공무수행이라 하면 경찰관이 혹은 국가행정관이 행하는 일로서 육안으로 보기에도 공무수행 말 그대로 '공무수행'이다. 그러나 차량이 행하고 있는 행위는 결코 공무수행이 아니었다. 혹시 똑똑한 젊은이를 공부시켜 드리기 위함이라면 이는 더욱 유치한 공무가 아니겠는가 하는 생각이 들었다. '등굣길'이라는 단어는 참 낭만적인 말이다. 그래서 아침마다 분주하게 움직이는 학생들을 볼 때면 풋풋한 학창 시절이 떠오르는 것은 '인지상정'이라고 본다. 그러나 이렇게 필자가 경험한 등굣길은

164

낭만적이기는커녕 최고 대학에 대한 미운털을 만들고 말았다. 혹시 이 대학에서는 학생과 교수님들 사이에서 '강의 중' 혹은 '수업 중'을 '공무수행 중'이라고 일컫는지는 모르겠다.

두 번째 의문점은 바로 이 대학을 지칭하는 지하철역에서부터 출발한다. 서울의 지하철 2호선에는 우리나라 최고대학의 명칭을 그대로 딴 역이 있는데 이 역은 사실 유령역이나 다름이 없다. 사실 서울을 처음 방문하는 사람들이 서울이라는 도시의 교통정체의 악명 높음을 들었다면 서울거주민들이 권하는 지하철 이용을 따를 것이다. 빠르게 그리고 저렴하게 목적지에 도착할 수 있는 이 거미줄 같은 서울의 지하철 체계는 세계 상위권이라고 해도 과언이 아니다. 그래서 서울의 그 복잡함을 완화해 주는 좋은 시스템이 아닐 수가 없다. 그러나 이러한 호평에 찬물을 끼얹는 '역(驛)'이 하나 있는데 그 역이 바로 우리나라 최고의 대학의 이름의 역이다. 이 역에 내리면 그 대학은 절대 없다. 그것도 한 정거장 걸어서 있다면 그러려니 하겠지만 이는 "해도 해도 너무하다."는 말이 절로 나오고 "멀리 있어도 어느 정도지"라는 말도 술술 나올 정도다. 가도 가도 나오지 않는 그 대학. 그래서 길거리에서 현지인에게 물어보았다. 오히려 지하철역에 내려서 걸어서 가는 사람들을 이상하게 생각하는 듯했다. 도대체 이 역은 왜 그 대학의 이름을 갖게 된 것일까?

보통 지하철역의 이름은 그 역의 아주 가까운 부근의 기관 명칭을 갖는다고들 믿는다. 그래서 '서울역'이고, '고속터미널역'이다. 그런데 그 대학이름을 딴 역은 아주 가까운 곳에 '관악구청'이라는 기관이 있었음에도 불구하고 관악구청역이 아니라 그 대학 이름이었다. 이러한 상황이 이상하다는 것을 예견이라도 한 듯 사실 그 대학 이름에다 "입구"라는 것을 덧붙이기는 했다. 그러나 명백히 그 입구는 입구라고 하기에는 너무나도 멀고도 멀었다. 무엇보다도 더 의문인 것은 이에 대하여 아무런 의문을 품지 않는 빨리빨리 서울시민들의 놀라울 정도의 진득함이다. 서울지하철 2호선이 생긴 지 25년이 지난 지금까지 서울시민은 그렇게 합의하며 살았던 것 같다. 정치에서는 그렇게 첨예하게 대립하고 반목이 그들의 특기여서 항상 선거철이면 격전지로 유명한 곳, 이곳 서울의 시민에 대하여 아이러니가 아닐 수가 없다. 더욱이 대한민국의 역사상 항상 잘못된 점을 바로잡으려는 민주열사를 많이 배출한 그 지하철역 이름의 대학의 '대학생'들조차도 그 사회비판전통을 계승하지 못하고 멀지만 그 대학 이름의 역에 내려 바로 공무수행버스에 올라타서 공무를 수행하려 하는 그 눈빛들에서 대한민국의 밝은 미래를 느꼈다.

공무수행을 하는 학생들을 보유하고 그 멀고 먼 거리에도 지하철역 이름을 턱 갖고 있는 이 대학은 고3생들을 모집하기 위해 유일하게 광고를 하지 않는 대학이다. 이미 눈치 챘겠지만 그 대학은 광고라고 하는 장사꾼 속내보다 학문탐구라는 그럴듯한 공신력의 이미지가 더 강해서 그럴 필요가 없을 것이다. 그래서 공무를 수행하는 우리나라 정부가 영원한 한 항상 존재하는 유일한 대학일 것이다. 그러나 우리는 그들의 스쿨버스를 통해, 지하철역을 통해 충분히 그 대학 광고를 느끼고 있다. 오히려 호들갑스럽지 않게 조용하고 점잖게 '학생모집'을 넘어 '국가권위'라는 영원불멸의 광고메시지를 앞세워서 말이다. 그런데 아쉬운 점은 이러한 이상한 생각을 촌구석에서 상경한 필자 같은 촌닭만 느낀다는 것이다. 서울시민은 아주 지극히 당연해서 25년 동안 사이좋게 아주 잘 살아 왔다는 것이다. 불편해도 말이다. 역시 서울은 뭐가 달라도 다른 것 같다.

24. 네 고객님,
저는 예의 바른 척하고 있습니다

본 사진은 그간의 고객에게 감사한다는 광고캠페인의 일부다.
진짜 감사하겠는가? 판매촉진, 재고 정리거리는
얼마든지 만들면 된다. 그래서 그 감사의 기간에는
이른바 '행사 기간' 이라서 빨리 두르라고들 한다.

가끔 걸려오는 전화 중에 정말 반갑지 않은 전화가 있다. 바로 가족도 아니고 친구도 아니면서 그 살갑기는 이루 말할 수 없는 닭살의 목소리, 이른바 '텔레마케터'들의 목소리다. 이는 새롭게 각광받고 있는 광고매체이기는 하지만 워낙 거북하고 때론 싫어서 광고라고 하는 점잖지 못한 상업성을 더 싫어하게 만드는 데 큰 몫을 하기도 한다. 그런데 거기에다 더 이상한 것은 이제 이러한 목소리를 전국 어느 상점에서나 들을 수 있다는 것이다. 그 높디높은 고음에다 오히려 친근함이 이상할 정도로 느껴지는 그야말로 친한 척은 거북함을 뛰어넘어 그들의 '진정성'까지 의심하게 한다.

물론 불친절하고 퉁명스러운 것보다 백번 낫겠지만 이들이 '고객'이라고 칭하는 그 말투 속엔 정말 중요한 것이 빠져 있다. 다시 말해 진실하게 손님을 맞이하는 것이 결코 아니라는 것이다. 가끔 그 목소리에 홀려 한 상점에 관심을 보여 반응할까 싶다가도 돌아서려는 고객눈치를 알아차린 그 기이한 목소리는 급기야 돌변하는 안색을 보인다. 사실 소비자들은 '고객감동'이니, '고객만족'이니 그 생색의 목소리를 원하지 않는다.

또 이를 거북하게 여겨 때론 이들을 피하는 경우도 많다. "소문난 잔치에 먹을 것 없다."는 말이 있다. 이는 그 고음이 이상할 정도로 떠들썩한 상점을 말하는 것이고 그 친절함이 지나쳐서 소름이 돋는 상점에는 아니나 다를까 만족스럽지 못하는 경우가 많다.

이들의 그 과도한 친절과 그에 따른 진실성의 결여는 다음과 같은 사례에서 읽어 낼 수 있다. 그 고음을 일삼는 요즘 점원 혹은 원조인, 텔레마케터들은 시종일관 소비자에게 존댓말을 아끼지 않는다. 따라서 이들은 존대의 달인이라고 해도 과언이 아니다. 그러나 그 예의는 진심이 아니라 그들의 윗사람 지시에 불과함을 여실히 드러내는데 바로 존대로 써야 할 때, 쓰지 말아야 할 때를 가리지 않고 무차별 공세를 퍼붓기 때문이다. 본디 존대는 사람에게 쓰는 것이고, 모르는 사람에게는 필수적인 예의이기도 하다. 그런데 이들은 상품에도, 어떤 판매 상태에도, 더 나아가 동물에게까지 존댓말을 하니 이들의 고막을 찢을 듯한 그 고음의 친절이 위선임을 금방 알 수가 있다. 이를테면 이런 것이다.

"고객님 안녕하십니까?"
"이 제품은 ○○○기능이 있으시고요."
"행사 기간이라 현재는 거의 품절이십니다."
"아니 매진이십니다."

뭔가 존대를 하고 있는 듯해도 뭔가 이상한 예의다. 그러나

이 이상한 존대를 아직까지 감지하지 못한 독자라면 이미 그
이상한 존대 문화에 익숙해져 버린 탓이거나 그들의 진실성을
한 번도 의심해 보지 못한 순진함 때문일 것이다. 어린아이의
익숙지 못한 발언이라면 이해하겠고 한국어에 익숙지 못한 교
포라면 더욱 이해가 간다. 그러나 우리나라에서 확실한 공식국
어교육을 받은 이들은 자신의 말실수를 한 번도 성찰해 보지
못한 것 같다. 그래서 한번은 그 이상하게 높은 고음과 존대에
대하여 지적해 준 적이 있다. 그런데 그 지적을 이해한다고 계
속 말하면서도 이상한 고음과 존대는 더 이상하게 섞여 있었
다. 그리고 돌아서서 나오는 길, 필자의 뒤가 몹시 불편해 뒤
를 돌아보니 유별난 손님이라는 눈초리로 다른 점원들과 힐끗
힐끗 필자를 쳐다보며 불편한 안색을 연신 내보이고 있었다.
그리고 또 다른 손님에게 언제 그랬냐는 듯 환한 웃음으로, 더
욱 '업'된 고음으로, 이상한 존대로 다시 떠들어대고 있었다.
고객의 소릴 듣는다고 하더니 막상 들으니 언짢아하는 것이다.
그렇다면 저들의 저 환한 미소, 고음, 존대는 도대체 뭘까?

　요즘 정치에서 이러한 말이 있다. 특정한 사안에 대하여 특
정정치인의 태도가 과연 '진정성'이 있는가 없는가 하는 것이
다. 유교사회에서 자신의 태도변장을 꾀하는 이른바 '위선'을
떨 이유는 바로 자기 자신을 낮추기 위해서이고 이는 사실 '미
덕'이자 '예의'이다. 그러나 그 이외의 의도라면 그야말로 '위
선' 그 자체이고 '거짓'이다. 따라서 이는 건강한 커뮤니케이션
사회를 좀먹는 것이라고 보고 싶다. 따라서 언론은 심심치 않

게 특정 정치인의 정치적 태도에 대하여 진정성을 살피는 수고를 강요한다. 그러나 왜 이렇게 진정을 살펴야 하는 것일까? 원래 사람의 '태도'라고 하는 것은 정직해서 자연스럽게 드러나야 할 터인데 모든 것에 그 진정성을 따져 판단해야 하는 이 이중적 상황이 과연 옳은 걸까? 그리고 유독 정치라고 하는 영역에서 그 진정성의 여부가 크게 좌우됨도 더욱더 이상하다. 어떤 이는 정치를 진정으로 하고, 어떤 이는 정치를 진정으로 하지 않는 걸까? 만약 안 한다면 그 정치인은 당장 처단해야 하지 않을까 한다. 그러나 그 진정성, 즉 위선인지 아닌지를 살피는 것이 일반화되어 버린 이 상태는 참 이상한 정치세계상황이 아닐 수가 없다. 결국 그 위선적 정치세계와 마찬가지로 이상한 고음과 지나친 존대의 상점, 텔레마케팅이 난무하는 아니 당연해져 버린 커뮤니케이션 사회가 바로 요즘의 한국 사회다.

일찍이 독일의 사회학자 '하버마스(Juergen Habermas)'는 이러한 이중적 수고의 사회를 가리켜 "생활세계의 식민지화(The Structural Transformation of the Public Sphere)"라고 했다. 그리고 아주 오래전 '플라톤(Platon)'은 이러한 사회를 위험한 사회라고 경고했다. 다시 말해 정직해야 할 세상언어가 어떤 사심들의 의도로 식민지화되어, 오염된 커뮤니케이션 상황이 되었다는 것이다. 그래서 텔레마케터들은 그 고음과 이상한 친절을 일삼는 것이고, 정치인들은 진정하지 못한 발언과 태도를 보이기에 우리는 그들의 진정을 살피는 수고를 해야 하는 것이다. 결국 우리가 사는 현재 이 세상은 다른 사심으로 가득 찬 위선이

난무하는 사회인 것이다. 그래서 점점 시간이 지날수록 육안으로
보이는 친절, 더 나아가 신뢰는 믿을 수 없고 다른 언더그라운드
경로를 통해 그 진정한 친절과 신뢰를 찾기 위해 애를 써야 하는
것이다.

우리 동네 길거리표 무뚝뚝한 채소가게 아주머니가 말없이
오이 하나 더 넣어주시는 그 행동은 브랜드 대형할인점의 여직
원이 고음의 이상한 존대로 '고객감사 세일'을 한다는 생색의
발언보다 몇백 배 더 진정성이 듬뿍 담긴 값진 커뮤니케이션
인 것 같다.

사실 진짜 '고객감사'이겠는가? '재고정리'지!

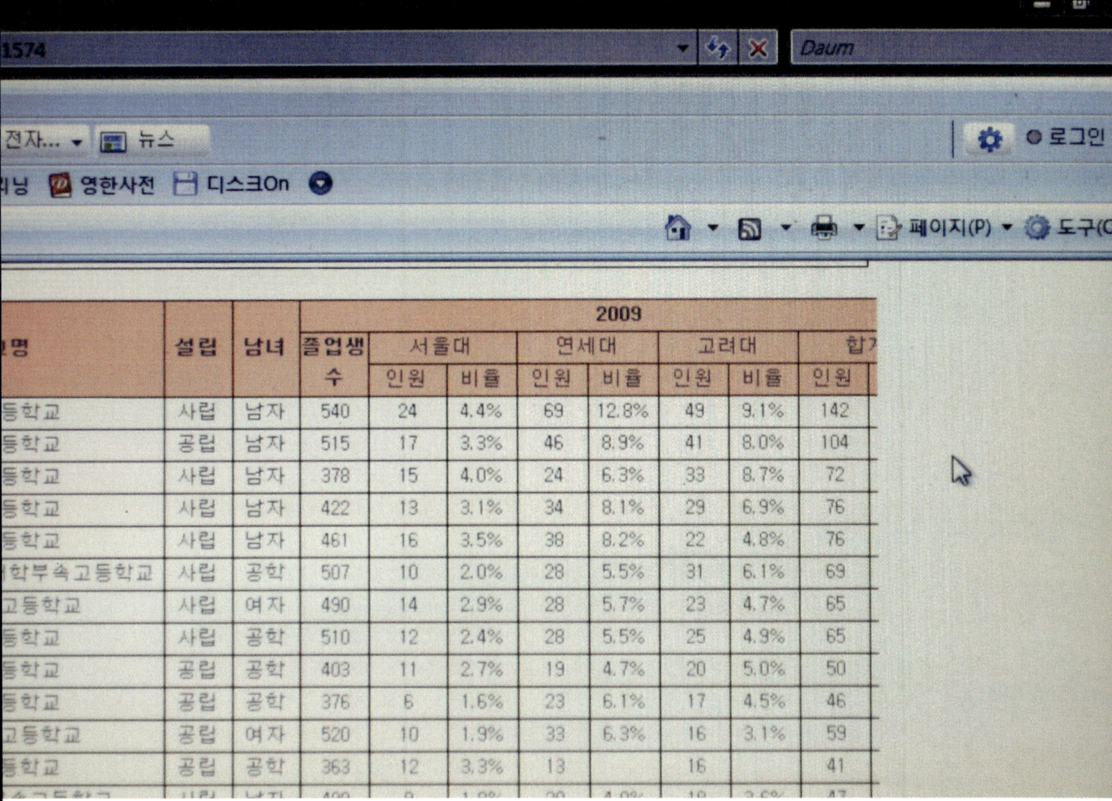

| 명 | 설립 | 남녀 | 졸업생수 | 2009 | | | | | | 합계 |
| | | | | 서울대 | | 연세대 | | 고려대 | | |
				인원	비율	인원	비율	인원	비율	인원
등학교	사립	남자	540	24	4.4%	69	12.8%	49	9.1%	142
등학교	공립	남자	515	17	3.3%	46	8.9%	41	8.0%	104
등학교	사립	남자	378	15	4.0%	24	6.3%	33	8.7%	72
등학교	사립	남자	422	13	3.1%	34	8.1%	29	6.9%	76
등학교	사립	남자	461	16	3.5%	38	8.2%	22	4.8%	76
학부속고등학교	사립	공학	507	10	2.0%	28	5.5%	31	6.1%	69
고등학교	사립	여자	490	14	2.9%	28	5.7%	23	4.7%	65
등학교	사립	공학	510	12	2.4%	28	5.5%	25	4.9%	65
등학교	공립	공학	403	11	2.7%	19	4.7%	20	5.0%	50
등학교	공립	공학	376	6	1.6%	23	6.1%	17	4.5%	46
고등학교	공립	여자	520	10	1.9%	33	6.3%	16	3.1%	59
등학교	공립	공학	363	12	3.3%	13		16		41
고등학교	사립	남자	490	9	1.9%	20	4.0%	18	3.6%	47

25. 교과부는 입시부

본 고교 순위는 인터넷에서 우연히 발견한 것이다.
철저하게 서울의 3개 대학진학만을 담아낸 순위다.
우리나라에는 이 3개 대학만 존재하는 것 같다.
아마 교과부도 우리나라 고교생들 모두가
이 3개 대학에만 들어가서 공부하기를 염원할 것이다.

필자는 과거 대학에 입학하기 위해서 이른바 '학력고사'를 경험했다. 학력고사[3]란 자기가 입학하고자 하는 대학에 입학원서를 제출하고 그 대학에서 시험을 보는 것인데 이러한 기회는 전기와 후기 때에 딱 한 번씩밖에 주어지지 않았다. 그래서 신중할 수밖에 없었고 이른바 '눈치작전'이라고 하는 것이 이때 생겨난 듯했다. 또한 필자의 삼촌 정도 되는 사람들은 대학에 입학하려면 '예비고사'[4]를 치르고 본고사[5]를 봐야 했는데 두 번의 시험이기에 과중한 입시준비문제가 사회 문제로까지 오랫동안 지속되다가 폐지되고 필자가 경험한 바로 그 '학력고사'로 대체되었다. 그런데 그 대체는 변별력이 약하다 하여 현재 '수학능력시험'[6]으로 변경되었고 전기·후기라

---

3) 1981학년도부터 1993학년도까지 대학 입학에 필요한 학력이 있는지 검사하기 위하여 교육부에서 해마다 실시하던 시험.

4) 대학 입학시험에 응시할 수 있는 자격을 검사하기 위하여 당시 '문교부'에서 해마다 실시하던 시험으로 1981년에 폐지됨.

5) 예비고사를 치른 후 입학하고자 하는 대학에서 주관하는 주관식 문제 풀이 능력을 검증받는 시험.

6) 1994년부터 현재까지 대학에서 수학할 수 있는 적격자를 선발하기 위하여 현 교육과학기술부에서 해마다 실시하는 시험.

는 두 기간으로 못 박았던 입학지원 기간은 비교적 다양화되면
서 입학의 기회가 확대되었다. 그러고 나서 과거 본고사와 유
사한 '논술시험'이라는 제도가 일부 유명대학마다 시도되고 있
는데 이도 시들한 변별력이라고 하여 직접 학생을 대면하고 뽑
으려는 심층인터뷰 형식의 '입학사정관제도'가 확대되고 있다.

필자가 아는 그간의 대학입시제도는 여기까지다. 그리고 필
자가 생각하기에도 현재의 입학제도가 비교적 적절한 듯하다.
요즘은 학생의 여러 가지 면을 입학점수로 사정한다고 하니 이
얼마나 다양한 입학제도가 아닌가 한다. 그런데 이러한 모든
것을 쥐락펴락하는 당사자는 바로 '교육과학기술부'다. 그리고
필자가 생각하기에 이제 그만 되었으니 교육과학기술부는 더
이상 대학입시 제도에 대하여 이래라 저래라 변경하지 말았으
면 한다. 이 바람은 단순히 대학입학 수험생들의 혼란만을 걱
정한 상투적인 불만이라기보다 교육과학기술부의 본분을 찾길
바라는 뜻에서다. 그간의 교육과학기술부의 행실을 살펴보면
오직 상급학교 진학을 위한 입시상담부에 지나지 않는 것이 아
닌가 하는 생각이 든다. 사실 교육에서 이 상급학교 진학은 지
극히 주변적인 존재이어야 한다. 각 학제에서 중심이 되어야
할 것은 그 학제에서의 교육내용이지 미리 입학부터 다음 상급
학교 준비로의 교육은 너무나도 이상한 교육이 아닐 수가 없
다. 사실 상급학교 진학의 걱정이란 지극히 개인적인 문제라고
본다. 따라서 일선 학교에서 이러한 문제의식 없이 상급학교
진학을 위한 수업전면화는 그 개개인에 대한 공교육상위기관

인, 교육과학기술부의 부응이라기보다 전면 부추긴 탓이 더 크
다고 본다. 공교육을 위해 존재하는 최상위 국가부서가 늘 입
학제도 등등에 매년 손질을 가하는 것을 볼라치면 일개 사립학
원의 입시전략부서와 유사하다는 느낌이 든다.

물론 이러한 의견을 역설하는 사람도 있을 것이다. 어떤 학
부모와 학생들은 공교육의 내용이 입시학원화되고자 소망하기
도 할 것이다. 그리고 그것도 부족하여 사교육을 찾는 것이 세
태인데 어찌 교육과학기술부가 부응하지 않을 수가 있겠는가
하는 것이다. 이것은 분명 교육에 대한 사회 병리적 현상이고
분명 교육의 본질과 괴리되는 사고방식이기에 교육에 관한 '의
식개혁운동' 혹은 '캠페인'이라도 주도적으로 전개해야 할 기관
이 바로 교육과학기술부가 아닌가 한다. 그러나 교과부는 오히
려 더하면 더했지 덜하지는 않는다. 결국 교육과학기술부는 학
부모와 학생들의 삐뚤어진 교육방식을 전면 수용하여 입시에
관한 과도한 성찰만 지속적으로 행하는 입시부서인 셈이다.

사실 진부한 얘기일지 모르겠지만 학교는 상급학교 진학을
위해 존재하는 '수험기관(학원)'이 아니라 우리 사회에서 새로
운 구성원들이 올바른 사회구성원으로 성장할 수 있게 사회화
시켜 주는 '사회화 기구'임을 명심해야 한다. 입시생만을 양성
하는 학교교육의 이상한 시스템을 전면 재검토해야 한다. 한
예로 sky대에 몇 명 입학했다는 교문 앞 천박한 학교과시를
멸시해야 할 주관기관이 바로 교육과학기술부다. 이러한 문제
의식 아래, 다음은 국가기관으로서 교과부가 재검토해야 할 사

항을 부족한 필자가 한번 정리해 보았다. 그런데 이는 가상의 제안이기에 그 실현성이나 많은 걸림돌이 존재한다는 것을 이해해 주길 바라며 혹시라도 독자의 의견과 다르다 하더라도 다소 과장된 의견이오니 이해해 주기를 바란다.

우선 첫 번째, 교육과학기술부는 본 국가기관으로서 존재이유가 무엇인지 신중히 깨닫고 전 공무원 모두가 교육의 본질은 입시가 아니라 교육 그 자체에 있다는 재교육의 필요성을 높여야 한다. 현재 모든 교육이 입시로만 귀결되는 사고방식은 학생의 생활을 망치고, 학생의 미래를 망치는 것이며 더 나아가 우리나라의 미래를 불안하게 하는 행위라고 본다. 그 결과는 우리 사회 어디에서건 삐걱거리는 불안정한 시스템이 이를 감지할 수 있게 하며 무엇보다 '사회 양극화' 그 자체와 그에 대한 무조건적인 반목은 애초에 사회구성원들의 그 불안정한 사회화로 야기된 결과가 아닌가 한다. 따라서 교육과학기술부에서 일하시는 분들은 어떤 국가기관보다 교육에 대한 본질적 의식이 투철해야 한다.

두 번째, 교육과학기술부는 입시에 무관심했으면 한다. 정 입시에 관심 갖고 싶다면 국립 혹은 공립의 학교기관에 정성을 쏟으면 된다. 이 기관들을 제외한 사립학교의 입시통제는 좀 과잉인 것 같다. 사실 사립학교도 교육이라는 성스러운 행위를 하고는 있지만 이윤을 추구해야 하는 사업이다. 그런 이유로 통제는 적절치 않다. 오히려 이는 '노동부'가 특정기업의 신입사원선발 전형을 전담하는 것이 이상한 이치와 같다. 오래전 우리는 '교사'들을 노동자로 인정하지 않아서 그들의 연대를 허락하지 않았다. 아니, 못 했다. 이는 교사라는 직업상 '노동자'로 취급하기보다 성스러운 '교육자'로서 취급되었기에 그러한 것이었다. 그러나 현재 교사도 연대를 하고 있으며 사립학교에서의 교사는 더욱더 그 결성을 저지할 이유가 궁색한 게 아닌가 한다.

세 번째, 교육과학기술부는 공교육의 색채와 입시기관의 색채를 분명히 해야 한다. 학교교육은 '교육'을 하는 기관이고 입시기관은 '입시'를 하는 기관이다. 따라서 입시기관은 공교육에서 수학하고 있는 학생들에게 공교육의 학습을 '보조'하거나 '보충'할 수 없는 것을 법제화해야 한다. 다만 졸업을 하거나 휴학이 이루어진 상황에서 개인적으로 입시기관을 찾을 수는 있다고 본다. 따라서 만약 학생의 학습부진의 문제라면 이는 학교기관에서 교사가 해결해야 하는 것이지 사교육에 의존하는 것은 대한민국 교사의 능력을 무시하는 처사이기도 하다. 만약 이러한 제도가 싫거나 반대한다면 새로울 것도 없이 평생 입시기관을 다니거나 아니면 '가정학습'을 통하여 '검정고시'로서 그 학력을 인정받으면 된다. 그리고 이러한 시스템은 자기 아이가 똑똑하다고 판단하시는 학부모들이 적극 이용하여 그토록 원하는 상급학교에 월반할 수 있는 기회이기에 전혀 반대할 이유가 없다.

네 번째, 교육과학기술부는 전국적으로 학력 진단할 것이 아니라 진단하고 싶은 학생들(학부모 요구에 따른)만 진단토록 하는 것으로 권장해야 한다. 물론 공교육이 얼마나 효과적으로 이루어지고 있는지 교육과학기술부는 점검해 볼 의무가 있긴 하지만 그 점검은 학력이 아니라 교육 상태를 보는 것이기에 학생들이 학교에서 얼마나 행복한가를 조사해 보면 그대로 드러날 것이다. 과거에도 그랬지만 현재에도 학교라는 곳이 행복한 곳이라기보다 이유 없이 '고행'을 해야 하는 아주 어렵고 고달픈 곳임에 틀림이 없다. 그런데 이쯤에서 학력평가를 해야 할 진정한 대상은 오히려 '교사'가 아닌가 한다. 학생은 늘 새로운 학습을 하게 되지만 교사는 한 번의 임용으로 타성에 빠질 수도 있고 급변하는 세상지식을 끊임없이 습득하여 전수해야 할 의무가 있어서 교사들의 학력진단평가가 더 중요하다고 본다.

지금까지 다소 과장된 의견이긴 했지만 필자가 생각하기에 교육과학기술부에서 하는 일은 우리나라 학생들이 오로지 상급학교 진학을 위해 노력하는 '입시부'라고 해야 더 정확하다. 그래서 그 하위기관인 학교들은 오로지 학생들을 상급학교에 진학시키기 위해 교육을 포기하고 입시에 열을 올리고 있다. 이쯤 된다면 국가에서 각 입시학원을 공립학교로, 학원교사를 교육공무원으로 임용함이 어떤가 한다. 그러면 각 학교마다 과시할 현수막의 자리가 모자랄 정도로 많아질 것이 아닌가 한다. 안 그래도 입시로 너무 행복한 우리의 아이들을 전면적인 입시로 더욱 행복하게 내모는 꼴이라서 완벽한 입시공화국이 되는 것이다. 결국 우리의 교육은 학교마다 그해 대학입학실적

을 자랑하는 '현수막 광고'에서 확연히 드러나며 교육과학기술
부는 명실상부 이를 주관하는 기관이 되는 것이다.

"○○고등학교 S대 4명, Y대 3명, K대 4명"
다른 학생들은 다 어디로 사라진 걸까?

26. 스테이크와 랍스터

현재 우리나라에서 제일 비싼 땅고기는 스테이크다.
그리고 물고기는 랍스터다. 그런데 이 두 고기를 동시에 판다던
한 페밀리 레스토랑에 가서 이 둘을 주문했다.
그러나 지난 가을 한정메뉴여서 랍스터는 불가능했다.
한정이었던 그 가을 그 레스토랑 광고의 서사라면
우리나라 여성들은 이 두 고기를 동시에 먹기 위해 남성이 필요하다.
그런데 너무 비싸서 남자에게 사달라고 해야 먹을수 있다고 한다.
거지같이 말이다.

미스코리아 선발대회가 공중파에서 사라진 의미가 무색하게 우리나라 공영방송에서는 외국인 미녀만을 데려다가 토크쇼를 해 오고 있다. 처음 취지는 좋았다. 여러 나라 출신의 여성이 자기나라의 문화를 소개하고 무엇보다 우리 문화와 비교해 볼 수 있어서 어찌 보면 '비교사회학'적인 프로그램이 아닐 수 없었다. 그러나 그 비교는 '사대주의'의 재확인이라고 보는 것이 더 적당하며 서구적인 외모여성이 대거 참여하거나 매번 단 한 명의 흑인여성 그리고 그 흑인여성의 문화소개에 너무나도 이상한 조소 분위기, 그리고 무엇보다 우리 주변국, 동남아 국가출신의 여성도 철저하게 서구화되어 있는 치장으로 얼굴을 디미는 것을 볼라치면 그 비교가 우습기 짝이 없다.

프로그램의 수준은 그렇다고 치고 한번은 여성지성인의 대명사로 알려진 '여대생'들과 그 미녀들의 토크를 시도한 적이 있다. 어김없이 그 지성의 여대생들은 그 서구여성들과 유사한 얼굴이 대거 등장되었었다. 다시 말해 서구미인을 닮거나 그래 보이게 치장한 여대생들이라는 것이다. 그런데 더 이상한 것은 우리나라 여대생을 대표한다는 분위기가 서울에 몇몇 대학출신이라는 것이다. 방송국 위치가 서울이라서 편의상 서울지역의 여대생 모집이라면 별 할 말이 없다. 그러나 그렇게 먼 해외촬영이나 오지촬영에 서슴지 않고 다니는 방송의 종횡하고 무진하는 활동에 비하면 사실 지방여대생의 섭외는 일도 아니었는데 말이다. 결국 그 미숙한 준비에 걸맞게 방송 후 많은 젊은이 시청자들로부터 심한 비판을 받았고 그날 방송분은 그 무섭기로 소문난 우리나라 네티즌들의 도마에 오르고 말았다.

다름 아닌 '외모지상주의'라는 기준으로 선발되어 출연한 한 여대생의 발언이 문제가 되었던 것이다. 사실 여대생의 외모만을 높이 사준 얄팍한 방송의도, 그에 기꺼이 응한 여대생들의 그 단선적인 사고방식이 잘 맞아떨어진 터이기에 애초부터 그 수준을 의심해 볼 수 있겠지만 한 여대생의 삐뚤어진 이성관의 공표는 네티즌들로 하여금 난리에 난리를 불러일으켰다. 사실 정작 지성인다운 여대생은 그 수준 낮은 프로그램에 나오질 않았을뿐더러 작가가 시키는 대로 자신의 사고와 무관한 발언은 거부했을 것이라고 본다. 만약 그 여대생의 문제의 발언이 우리 여대생들의 일반적인 사고방식이라면 우리의 여성계의 앞날이 훤하다. 하긴 몇 번 방송에 얼굴을 디밀었던 훤칠한 남성연예인들이 정치인으로 쉽게 변모하는 것을 보면 우리나라 여성유권자들의 외모지상주의 조건은 어제오늘의 일이 아닌 듯하다.

그런데 그 프로그램에서 필자의 귀를 불편하게 한 것은 또 다른 여대생의 발언이었다. 역시 외모지상주의적 발언이었지만 또 다른 이 여대생의 발언은 도를 넘은 듯하였다. 말하자면 이성 간 만남의 자리에서 지불해야 하는 비용, 말하자면, 식사비, 찻값 등등은 당연히 남성들의 몫이라는 것이다. 그 이유가 더 가관인데 자신의 미모를 이렇게 어여쁘게 꾸민 것에 대한 대가라서 남성들은 당연히 지불해야 한다는 논리다. 이제 와서 진부하게 '레이디 퍼스트'라는 것도 우습고, 솔직히 여성들 스스로도 그 우대를 거부하는 이 판국에 이보다 더 한심한 발언이 있겠는가 말이다. 귀를 의심하여 하던 일을 멈추고 TV 앞으로 바짝 다가섰다. 한 외국인 여성이 답답하고 이해하기 힘들다는 표정이었다. 퍼뜩 생각나는 것은 화장품광고에서 그 변하지 않는 영원한 서사였다. 바로 화장품 광고 모두가 이러한 한심한 스토리를 갖는데 말하자면 화장품을 애용하는 모델 그리고 그 애용으로 가꿔진 외모는 결국 남자를 꼬이게 하는데 포옹, 키스, 요즘에는 간접적인 성교까지 얻어내는 여성모델들의 광고연기 말이다. 마치 터미널이나 기차역 부근 땅거미가 지면 정육점 불빛 상점에서 자신의 성(性)을 팔려는 호객녀와 별반 다를 게 없다는 생각 등등 결국 그 여대생의 그 간단한 이성관은 너무나도 안타깝지만 그렇게 얻어진 그녀의 미래남성이 꽤나 궁금하기도 했다.

한 TV광고에선 한 여대생으로 추정되는 광고모델이 '스테이크'도 먹고 싶고 '랍스터'도 먹고 싶다는 고민으로 시작한다. 그러고는 이 둘 다 사줄 남자는 없는가 하며 더 큰 고민에 빠진다. 역시 남자 대학생으로 추정되는 한 광고모델이 등장하여 그 둘 다를 사주겠노라 한다. 그리고서는 이를 얻어먹으며 행복하게 끝나는 한 패밀리 레스토랑 광고다. 우리나라 여대생들이 가끔 '개똥녀', '된장녀', 최근에는 '루저녀'라고 싸잡혀서 뭇매를 맞는 이유는 그녀들 어머니세대보다 더한 남성의존경향 때문이다. 이유 없이 남자선배에게 달려들어 밥을 사 내놓으라는 여대생, 자신의 과제를 남자친구의 힘을 빌려 해결하는 여대생, 자동차가 없는 데이트를 촌스럽다고 취급하는 여대생, 결국 전공보다 좋은 데로 시집가려고 4년을 버틴 여대생. 스테이크와 랍스터가 그렇게 먹고 싶으면 '얼굴'과 '몸' 말고 힘들더라도 당당하게 열심히 일해서 번 돈으로 사먹으면 될 것 아니겠는가 말이다.

광고가 말하는 것이 우리나라 여대생의 사실이 아니라면, 그래서 광고는 광고고 현실은 다르다면 얼마나 좋겠는가? 그러나 "이를 어쩌나" 요즘 광고는 너무나도 과학적이어서 결코 창작자의 안개 속 같은 직감에 의존만 하지는 않는다. 그래서 다른 우연한 순수 예술과는 구분된다. 다시 말해 철저하게 소구 대상, 즉 여대생들의 '데모그래픽스(Demographics)'는 물론 '사이코그래픽스(Psychographics)'까지 파악되고 난 후에야 비로소 만들어진다는 것이다. 그래서 이를 감안한다면 우리의 여대생의 사고방식은 그 광고에 여실히 드러난 것이고 이들은 우리의 어머니, 할머니들도 이렇게까지 하지 않았던 그 기이한 '구걸여성관'을 미덕(美德)으로 알고 있는 것이다.

27. 아듀 아침에 흥하는 은행

본 통장은 아주 어렵게 구했다. 요즘은 신용카드의 모양, 색상,
그림, 냄새가 바뀐 이유가 광고할 명분이 된 세상이다.
"카드라고 향기나면 안 되나."

대전역 부근 '원동'에는 아주 오래된 은행이 있다. 아니, 있었다. 1912년 대전에 지점으로 처음 문을 연 이 ○○은행은 그 건물 자체가 2002년 등록문화재 제20호로 지정되기도 했다. 아니나 다를까 서울 무교동 본점은 1897년 설립되어 우리나라에서 가장 오래된 은행으로서 기네스기록에 오르기도 했다. 물론 기네스기록이라는 것이 별 쓸데없는 기록이긴 하지만 말이다. 그러나 그 기록을 떠나서 이 은행은 그 오랜 역사만으로도 우리의 큰 자랑거리가 아닐 수가 없었다. 그래서 이 큰 자랑거리는 과거 TV광고에서도 100년이 넘는 그 긴 역사를 강조하며 소비자에게 큰 믿음을 준 바 있다. 물론 필자는 이 은행의 통장을 한 번도 가져 보지는 못했다. 그러나 비로소 사라진 후에야 통장개설의 아쉬움이 남으며 우리나라의 '민족은행'이라고 하는 그 믿음은 현재 그리움으로 바뀌어 가끔 그 흔적을 볼 때마다 안타까울 따름이다.

사실 현재 그 은행은 '고색창연'했지만 그 화려함의 옷을 벗고 심플하고 깔끔한 새 옷으로 갈아입은 상태다. 신생은행과의 합병으로 기존의 이름을 과감히 버렸다는 것이다. 그것도 너무나도 간단히 말이다. 물론 그 통합의 진통이 어디 순탄할 리 있겠냐마는 사실 겉으로 보기에는 너무나도 간단하게 오랜 그 이름을 버린 것으로 보여 조금 밉기도 했다. 그러던 중 본의 아니게 현재는 다른 간판을 내건 그 은행의 통장개설 필요가 생겨 방문한 적이 있다. 그래서 그 은행의 한 행원에게 물었다. 먼저 그 오랜 은행의 행원이셨는지 아니면 새 얼굴의 행원이신지부터 확인하고 나서 그 오랜 은행의 이름이 무척 아까운데 왜 그 이름을 버렸느냐고 물어봤다. 그 행원은 아주 친절하게 대답해 주었는데 금융시장에 무지렁이인 필자도 이해가 되지만 사실 이해하기 싫었다.

행원에 따르면 그 오랜 민족은행의 가치는 높지만 그런 오랜 기간인 만큼 위태로운 경영기록들이 많았고 그래서 신용평가에서 그리 좋은 점수를 받기가 힘들다는 것이다. 따라서 새롭게 생겨서 비교적 그런 지저분한 기록이 없는 건강한 은행이름으로 바뀌게 되었다는 것이다. 납득은 가지만 연륜이 가득한 것이 흠이 되고 그래서 어린아이의 이름으로 다시 태어나야 하는 금융시장의 '신용'이라는 것이 사실 마음에 들지 않았다. 그리고 퍼뜩 생각나는 것이 바로 '오랜 부자'와 '신흥부자'의 차이였다. 세상은 변한다. 그리고 필자도 변한다. 그리고 시장은 말할 것도 없으며 돈이라고 하는 간사한 이데올로기가 움직이는 금융시장은 더 변덕이 심할 것이다. 그러나 그럼에도 불구하고 필자의 청년 시절 그 은행은 광고에서 호랑이를 등장시켜 "어흥" 하며 우직하게 버텨온, 아니 지켜온 국내에서 몇 안 되는 기업이 아니었던가 말이다. 그래서 나름 어지러운 시기에 기회를 잘 잡아 급성장하여 '돈 돈' 하는 S기업, H기업들과는 차원이 달라 보였다.

물론 그 민족은행도 그 합병의 일이 있기 전 오랜 기간 동안 여러 은행과 합병 등을 해 왔으며 그로 인하여 개명도 여러 번 있었다. 그러나 그 '민족은행'을 공표하며 광고공세를 본격적으로 퍼부었을 때는 "아침에 흥하는" 이름을 가졌을 때였다. 그래서 그 은행에 대한 거대했던 이미지는 크며 갑작스런 개명은 다소 배신감이 들었다. 사실 그랬거나 저랬거나 그 은행이 그 은행이기에 별관심이 없다면 할 말이 없지만 대전에 그 유서 깊은 그 옛 "아침에 흥하는 은행"의 물리적 흔적을 볼 때마다 아쉬운 마음을 떨칠 수가 없다. 현재 그 "아침에 흥하는" 은행은 "새로운 한국"은행이라는 이름으로 바뀌었고 광고 또한 과거 못지않게 왕성하다. 그러나 왠지 밀림의 왕인 '호랑이'의 자리를 빼앗아 호사를 누리는 '하룻강아지'로 느껴져 사실 좀 불편하다. 그리고 그 불편함은 아마 소비자와의 아무런 논의 없이 결정된 개명이기에 더욱 그러할 것이다. 적어도 '소비자'를 소비만 하는 자가 아니라 '고객'이라고 여겼다면, 다시 말해 "팔아주세요"라고 외치는 천박한 '광고'의 대상이 아니라 "사이좋게 지내자"라고 하는 '홍보'의 대상으로 이해했다면 좀 더 신중하게 고객과의 논의도 형식적으로나마 이루어졌을 것이다.

이렇게 변절하지는 않았을 터인데……

28. 다저스 힘내라, 맨유 힘내라

박지성 선수가 맨유에 큰 공적을 세운 날 우리방송에서
2:1로 이겼다고 치켜세웠다. 맨유가 이기면 콩이 나올까?
밥이 나올까?, 비정규직이 정규직이 될까? 서울 노숙자가 줄어들까?
진정한 한류는 우리가 할리우드에 가는 것이 아니라
할리우드가 우리에게 오는 것이다. 진정한 한류스포츠는
우리의 몸뚱이를 거기서 휘두르는 것이 아니라
서구인이 그들의 몸뚱이를 우리에게 휘두르게 해 달라고 하는 것이다.
'한류', 갈 길이 멀다.
아시아 사람은 좀 오더만 서구인들은 꿈쩍도 안 하는군.

‘ㄴA다저스’라는 미국 프로야구 팀은 한국인과 아무런 관련이 없었다. 그러나 그 구단이 있는 LA도시는 미국에서 한인들이 가장 많이 사는 곳이며 급기야 ‘코리아타운’이라는 곳까지 생겨났다. 물론 전 세계 어느 나라에나 터를 잡아버리는 화교(華僑) 거주지, 즉 ‘차이나타운’과는 비교할 수 없는 일부지만 그래도 우리나라 사람이 미국에서 터를 잡아 타운까지 형성한 것은 매우 드문 일이다. 그런데 그 LA도시에 있는 LA다저스라는 야구구단은 왜 한국선수에 관심을 갖고 있었을까? ‘박찬호’선수가 미국으로 공수될 당시 제3세계 출신의 야구선수는 얼마든지 있는데도 불구하고 말이다. 물론 그 선수의 기량이 너무나도 뛰어나기에 그럴 수도 있겠지만 그것만으로는 한국이라는 작은 나라의 야구선수 선택의 이유로 많이 부족하지 않은가 한다.

미국 내 한국교포들은 주류사회의 사람들과는 상대적으로 개미와 같이 일한다. 초반의 이민생활이 그럴 수밖에 없겠지만 궂은일부터 시작해서 비교적 깔끔한 일에 종사하는 이가 대세는 아니다. 사실 준거를 둔 마음은 늘 고국인 한국에 가 있으니 미국에서 일어나는 일은 그리 관심이 없으며 신경 써지지도 않는다. 오히려 본국인 한국의 고향소식, 대통령 선거, 유행가요, 패션, 출신학교동문확인 등의 '젯밥'에만 관심이 쏠리는 것이다. 그런 이들에게 여전히 타국인, 미국의 프로야구의 '팬'이 되게 한다는 것은 있을 수 없는 일이다. 다시 말해 LA도시라는 근거지를 두고 있는 야구팀, 다저스에 각별한 관심을 가지는 것 자체가 이상한 것이다. 그러나 그토록 가고 싶은 모국의 선수의 미국 내 입성은 그 의미가 다르다. 결국 미국프로야구는 양키들끼리 짜고 치는 경기가 아니라 우리 선수도 어울리는 야구이고, 그래서 일하다 말고 경기장을 찾을 응원명분이 충분하고도 넘치는 것이었다. 이걸 '홍보(Public Relation)'의 묘미라고나 할까, 이도 모자라서 당시에 한국에서는 '언론'이며 '여론'이며 난리의 난리를 치며 한국야구선수의 세계무대 진출이라며 호들갑을 떨었고 현재는 남의 나라 프로야구경기를 아예 한국 내에서 생중계하는 방송사도 생겨나기까지 했다. 그런데 이상한 것은 우리 선수가 등장하지 않음에도 생중계는 쭉~쭉 이루어진다는 것이다. 물론 남의 나라 스포츠중계를 보지 말거나 중계하지 말라는 법은 없지만 굳이 우리 프로야구를 마다하고 유독 양키가 득실거리는 야구를 중계하고 보려는 것은 좀 거시기하다.

1978년대 우리의 '차범근'이라는 축구선수가 그 기량이 너무나도 뛰어나 외국으로 알려지게 되었고 급기야는 독일 '분데스리가'로 공수될 때도 떠들썩하긴 했다. 그러나 요즘처럼 이토록 중계방송사가 생겨나고 사실 전국의 축구이목이 유럽으로 집중되지까지는 않았다. 간간히 그것도 아주 간간히 차범근 선수의 의외의 선전은 잠깐 회자되는 이야깃거리에 불과했다. 선수의 뛰는 장면을 생중계해 줄 정도의 요즘의 환호는 아니라는 것이다. 더욱이 그 '분데스리가(나중에 '아인트라흐트 프랑크푸르트')'라는 팀에 차범근이라는 선수는 기량이 뛰어나 지극히 개인적인 기량을 그 팀에서 펼칠 뿐이지 우리 한국국민들과는 전혀 관계 맺을 거리가 멀고도 먼 독일 축구팀 선수 중의 한 사람이었다. 따라서 당시 차범근은 독일 내에서도 제3세계에서 온 축구선수일 뿐이지 대한민국의 공헌자로 생각하지도 않았을 것이다. 이는 현재 우리나라 프로스포츠무대에서 뛰고 있는 외국인 용병들에 대한 우리의 자세를 보면 마찬가지다. 단순히 기량이 뛰어난 외국인 선수일 뿐이지 출신국의 국위를 선양한다는 것은 '언감생심'이며 대부분의 경우가 그 선수의 국적에는 아무런 관심이 없다. 그냥 우리나라의 경기를 재미있고 풍성하게 해 줄 뿐이다.

그러면 '박찬호'라는 야구선수를 필두로 미국에 공수한 우리의 야구선수는 뭐 다를까. 아니, 다르지 않다. 유독 인종이 다양한 미국에서 프로야구는 사실 인종 종합선물세트다. 이는 비단 프로야구뿐만이 아니다. 어떤 경기에서건 제3세계 출신의 선수들은 새고 샜다. 몇 년 전 우리나라 광고시장에서 할리우드 영화배우를 광고모델로 기용하는 것이 유행인 적이 있었다. 그때 한 할리우드 여배우는 좋게 국산(한국)화장품 광고모델을 하고 나서 미국 내의 한 인터뷰에서 한국을 비하하는 발언을 해대서 우리가 발끈한 적이 있다. 사실 필자도 화나지만 미국인들 대부분들은 그 여배우가 제3세계 국가에서 광고모델을 행한 것에 대하여 별 관심이 없으며 알아야 할 이유조차 없다고 느낀다. 하물며 미국인들이 몇몇의 노란 얼굴의 야구선수의 국적까지 외워 두고 그 나라의 국위선양에 동조하겠거니 하는 우리의 생각은 너무나도 순진한 생각이 아닌가 한다.

한 외국계 보험회사의 우리 방송광고에서 유럽프로축구팀 중 '맨체스터 유나이티드', 줄여서 '맨유'를 후원하고 있다고 당당하게 과시한 적이 있다. 그걸 보고 필자는 "그게 뭐 어떻다는 거지" 하는 질문이 바로 생각났다. 아마 '박지성'이라는 한국 선수가 그 팀에서 뛰고 있기에 한국적 정서를 고려한 외국계 보험회사가 그 후원생색을 내고 있는 듯했다. 그리고 그때쯤 진정한 우리 스포츠 '씨름'은 그 존폐가 위태로울 정로로 시름시름 앓고 있었다. 우리가 듣도 보도 못 한 '맨유'라는 축구팀을 응원하는 이유는 단 하나 바로 박지성이라는 축구선수가 뛰고 있기 때문이었다. 그러나 유럽 사람들도 우리와 별반 다르지 않다. 그의 기량은 맨유의 팀원으로서의 관심일 뿐 그 이상도 그 이하도 아니다. 결국 그의 국적, 그의 국위선양에는 더더욱 무관심하다. 매번 세계적 스포츠 대결에서도 느끼는 바와 같이 우리의 프로야구무대는 수준급이다. 축구는 말할 것도 없다. 언제까지 스포츠 사대주의에서 허우적대며 우리 무대가 세계무대임을 모르고 있을 것인가 말이다. 언제까지 우리의 선수를 그야말로 외국스포츠무대에 공수하여 우리의 쓸데없는 관심을 낭비할 것이며 전파낭비를 지속할 것인가 말이다.

우리가 '다저스'를 응원할 때, '맨유'를 응원할 때, 정작 그 팀은 우리의 응원을 그리 달가워하지도 않는다. 그래서 우리 선수들에게 조심스럽게 당부 드리고 정말 애국하고 싶다면 외국에 나가 타향살이 설움의 눈물 질질 흘려가며 대한민국 팬들의 그 모순된 애국심에 호소하지 말고 제발 부탁이니 들어와서 뛰길 바란다. 그럼에도 불구하고 타국의 스포츠 무대를 선호한다면 아니 기회만 있으면 세계무대랍시고 나가려고 한다면 당당하고 정직하게 밝히길 바란다. 이는 '돈벌이' 때문이지 '국위선양'과는 전혀 무관하다고 말이다. 더 이상 순진한 우리 국민들을 요상한 애국심으로 호도하지 말길 바란다. 하긴 선수들이 무슨 죄인가 천박하고 호들갑스러운 '언론'이 문제지…….

29. 예수천국 불신지옥

예수님의 말씀을 전하고 있는 이 사람의 모습은
종교의 기쁨보다 고달픔이 더 커 보인다. 아무도 모를 일이다.
이렇게 고달픈 것이 예수님이 바라시는 것인지.

시내 번화가를 걷다 보면 기독교 신자로 추정되는 사람이 큰 피켓을 들고 외치고 있다. "예수천국 불신지옥"이라고 말이다. 사실 직접 핏대 올려 가며 외치는 것은 아니고 녹음해 놓은 내용을 계속 확성기를 통해 틀어 놓는 것인데 이는 길거리에서도 볼 수 있지만 가끔 대중교통수단인 지하철에서도 보곤 한다. 그러나 버스는 너무 협소해서 그런지 전혀 본 적이 없다. 필자는 기독교를 아주 쪼끔 안다. 그런데 이러한 방법으로의 선교는 그리 공감되지가 않는다. 이를테면 나병환자를 돌보는 수녀님, 노숙자들에게 따듯한 밥을 해 주시는 목사님, 소년소녀가장을 후원하는 한 신도, 치매노인을 씻겨 주시는 호스피스 등의 이야기는 듣기만 해도 훈훈하다. 그래서 곧바로 숙연해지는 이 소리 없는 선교활동은 우리의 범사 그 자체를 부채의식으로까지 느끼게 한다. 결국 이러한 선교는 오히려 믿지 않는 사람들의 뼛속 깊은 곳까지 광고가 되는 셈이 아닌가 한다.

그러나 시내의 그 확성기 신자의 선교는 그 노고에 미안하게도 너무나도 이상하고 때론 혐오스럽기까지 하다. 사실 '성경'

은 잘 모르지만 분명 이 선교노고의 형태는 좀 납득하기 어려운 것 같다. 이 어려운 선교는 과연 하나님이 주문하신 걸까? 그래서 그렇게 하라 하셨을까? 아니면 그 선교자 자신이 자발적으로 하는 것일까? 물론 아무 생각 없이 '흥청망청'으로 보이는 젊은이들의 그 거리의 향락문화와 대조적이어서 이상하기도 하겠지만 종교로서의 표현은 다소 민망하기까지 하다. 현재 우리 사회에서 많은 종교들 중에 가장 미운털이 박힌 종교는 바로 그 신도가 믿고 있는 기독교, 즉 '개신교'다. '천주교'는 그에 비해 조금 점잖기에 좀 덜하며, 불교는 워낙 조용한 암자에 들어앉아 있기에 '석탄일'에 연등으로 잠깐 접하곤 한다. 그래서 더 잘 모른다. 그리고 '이슬람'은 존재하지만 이도 워낙 그 실체를 접할 기회가 없기에 아무런 감정이 없다. 그리고 '유교'는 너무나도 그 정체성이 불분명하여 뭐라 지적할 수도 없다. 그러나 이 기독교는 우리나라 어디에서건 광고를 하고야 말기에 누구나 알고 있으며 그 태도 또한 좋다고 말하는 비종교인이 더 이상 하다고 본다.

얼마 전 그 기독교와는 상극이라고 하는 이교도의 땅에 가서 선교활동을 하다 무장테러조직에 잡혀 죽임을 당하거나 고생고생하다가 풀려난 ○○교회 신도들이 있었다. 물론 그보다 더 앞선 선교사는 처참하게 살해되었지만 말이다. 당시 이들의 선교활동에 대해서는 두 가지로 양분된 이견이었다. 하나는 과거 우리 땅에 온 서양개신교도들의 그 고생과 동일한 노고, 다른 하나는 우리나라에도 선교할 대상은 얼마든지 많은데 굳이 이교도의 땅에 가서 행한 다소간의 오지랖 등등. 그러나 분명한 것은 선교란 무조건적인 이념적 강요가 아니라 선교대상에 대한 '이해'와 '동화'다. 처음 우리 땅에 온 선교사들도 이를 가능하게 한 것이었기에 학교가 설립되고, 병원이 설립된 것이 아니겠는가 말이다. 기독교의 나라 할리우드 공화국에서 "300"이라는 영화는 기독교문화와 대조적인 '페르시아' 군을 진정 기괴한 괴물로 형상화해 놓았으며 그야말로 악마와 다름없게 정의 내려 버렸다. 그러나 중세유럽의 '십자군 원정'을 상상해 보자. 당시 기독교의 원정목적은 바로 이교도의 일소이며 바로 사람을 죽이는 일이었다. 어찌 이것이 종교라고 얘기할 수 있겠는가 말이다. 종교적 표현은 다양하다. 특정 종교의 선교방법도 너무 다양하다. 그러나 그토록 싫다고들 하는데 무리해서 아무런 이해 없이 그들의 심기를 건드리거나 아니면 상대의 종교를 무조건 비방하는 모습은 오히려 그 종교의 신뢰를 떨어뜨리는 결과를 낳는다고 본다.

정말 시내의 많은 사람들에게 선교를 행하고 싶다면 그런 자극적이고 앞뒤 모두 절단된 주장 "예수천국 불신지옥" 말고 거리의 젊은이들을 진정 이해해 보려는 활동을 보여주는 것이 어떨까? 동화해 보는 것이 어떨까? 그러한 네 글자를 연신 확성기로 틀어 놓고 다니는 모습은 오히려 기독교도를 더욱 싫게 만든다는 것을 왜 모를까 한다. 어느 누가 그 문구를 보고, 그 내용을 듣고 거리를 흥청망청 활보하다가 돌연 교회를 찾아가 "예, 믿겠습니다." 하는 사람이 있겠는가 말이다.

거리 한편에서는 그 확성기와 대조적으로 광고캠페인 행사를 한답시고 떠들고 있다. 늘씬한 여성들이 시음을 권하고, 판촉물을 나누어 주며 "○○음료입니다."의 외침과 음악에 맞춰 춤을 추고 있어서 적어도 재미는 있다. 하물며 그렇게 많은 성가곡이 있고 선교 팸플릿과 악기가 많은데 시종일관 "계란이 왔어요."의 소리와 유사하게 "예수천국 불신지옥"의 외침은 사랑과 이해라는 기독교의 원리와 너무나도 동떨어져서 질리는 '강요'에 가깝다. 정말 외람되지만 하나님께서 그 거리에서 벌어지는 두 외침 "예수천국 불신지옥"과 "○○음료입니다."를 하늘에서 보고 계신다면 뭐라 하실까?

"그래 너무 잘하고 있구나. 선교란 바로 그런 것이니라." 하실까?
"그게 뭐냐. 너 같으면 날 믿겠냐?" 하실까?

30. 우리 기업의 취미는
전 직원의 사회봉사랍니다

사진 하나는 어느 통신사를 통해 한 여대생이 봉사의
즐거움을 만끽(?)하는 것이고, 다른 하나는 행인들을 위해
눈을 치우는 남대문 상인들의 자발적인 봉사다.
요즘 한 통신사는 '생각대로' 하라고 난리다. 정말 생각대로
회사가 직원들에게 은근히 강요하는 봉사를 안 해도 될까?

　　필자가 재직 중인 대학에서 대학원생의 논문을 심사하던 중 그 논문의 결과가 다소 이상하게 나온 것이 있었다. 사실 별 대수롭지 않게 봤지만 파고들어 가 보니 정말 희한한 결과가 아닐 수가 없었다. 상식적으로 어떤 기업이 사회적 사업을 행하고 있는 것에 대한 사람들의 반응은 긍정적인 태도를 보여야 할 터인데 오히려 부정적인 태도를 보인 것이다. 이는 과거 어떤 대기업의 오폐수 방류 때문에, 대량 리콜 사태 때문에, 변칙증여 때문에 생색을 내기 위한 것도 아니었는데 말이다. 쉽게 말해 미워할 이유도 없는데 미워한다는 것이다. 결국 그 논문의 결과라면 뭐 주고 뺨맞는 꼴이 되는 것이다.

　그런데 문제는 바로 그 회사 '직원'들에게 있었다. 이들을 '홍보학'에서는 '내부공중'이라고 일컬어지며 그 회사 밖에 존재하는 모든 사람들은 '외부공중'이라고 한다. 그리고 바로 그 결과는 그 사회사업의 수혜자인 일반인, 즉 소비자로서 '외부공중'이 생각하는 태도가 아니라 바로 회사직원들, 즉 '내부공중'이 생각하는 그 회사의 태도였던 것이다. 이는 다시 말해 소비자에게 좋은 일을 하고 있는 자기 회사에 대하여 직원들은 못마땅하게 생각하고 있다는 것인데 이렇게 예를 들면 더 이해가 되지 않을까 한다. 한 기혼자가 집안일로, 육아로, 그리고 시댁일로 고생 고생하는 자기 마누라에게는 인색하면서 외간 여인네들에게는 너무나도 관대하고 자상하고 너그럽다는 것. 이 어찌 그 이중적 남편이 예뻐 보일 수 있겠는가 말이다.

가끔 큰 대기업들은 자신의 사회적 선행에 대하여 생색을 낸다. 아니, 생색 낼 목적으로 선행을 한다. 외부공중인 외부사람들로서는 사실 나쁠 것이 없다. 그러나 그 고생 고생하는 직원들까지 동원해 추운 겨울날 혹은 찜통 같은 여름철 '사회봉사'를 하라고 강요하는 것에 대하여 직원들은 더욱 힘들고 고달프다. 물론 회사가 시키는 것이니 군말 없이 해야 하고 은근히 인사고과에 반영한다니 자발적 웃음으로 안면을 관리해야 하는 것이다. 사실 그 못마땅함은 잘 드러나지 않는다. 그래서 우리 기업은 전 직원이 봉사를 하고 있다는 더욱 기괴한 생색이 가능한 것이다. 과연 그 회사와 인연을 끊은, 해고된, 명예퇴직된, 그야말로 잘린 그 직원들은 그 사회봉사를 여전히 쭉 지속시키고 있을까? 모처럼 쉬는 날 늘 볼 수 없어서 아빠를, 엄마를 보고 싶어 하는 아이들을 마다하고 남을 위해 봉사하는 것이 과연 진정한 봉사일까 말이다. 결국 직원들에게는 인색하며 외부 사람들을 살피는 회사가 예뻐 보일 리 없고 그러는 가운데 나가서 봉사를 해 오라고 떠미는 회사는 더더욱 미울 것이다. 그러니 회사가 행하는 사회적 사업을 그 내부공중들은 탐탁지 않게 생각하는 것은 당연한 결과치가 아닌가 한다.

'홍보학'이라는 학문에서 가장 중요한 것은 내 식솔 먼저 살피는 것이다. 그래서 남의 식솔과도 친하게 지낼 수 있는 환경이 자연스럽게 형성되는 것이다. 과거 한 TV프로그램에서 노숙자들에게 식사를 제공해 주시는 한 목사님께서 이렇게 말씀하신 것이 기억난다.

"봉사활동을 진정 하고 싶으시면"
"우선 내 가족에게 먼저 봉사하세요."

많은 기업들이 회사 직원들을 내세워 우리 기업은 봉사(奉仕)로 똘똘 뭉친 회사, 다시 말해 '기업문화' 자체가 그야말로 '봉사'로 보여지려고 노력한다. 그러나 정작 그 회사 내부를 살펴보면 맨날 고달픈 야근에, 경직되어 억지로 먹어야 하는 술판 회식에, 확실한 서열로 아래에서 위로의 의사전달은 함구에, 출산휴가는 눈치에 눈치를 보며, 퇴근시간은 훨씬 넘겨야 집에 도착하는 기업문화다. 그러면서 우리 대부분의 기업들은 외국의 꽤 세련된 기업처럼 보이려고 직원들의 비자발적 봉사 활동으로 생색을 낸다. 결국 우리나라 기업의 조직문화란 바로 광고를 통해 이러한 이중적 문화가 가능한 것이 아닌가 한다. 한 대기업 직원이 필자에게 이렇게 말했다.

"외부 사람들은 우리 회사 다니는 거 정말 부러워합니다."
"그래서 그렇게들 들어오고 싶어 하지요."

“그러나 막상 들어오면 사람들은 어떻게 해서든 나가려고 합
니다.”
“왜요?”

“너무 힘들거든요 일요일도 없어요.”
“그래도 이 회사 들어오려는 경쟁률은 엄청나지요.”
“그게 다 광고 때문이 아닐까요?”
“광고에서 비춰지는 모습과 회사는 많이 달라요.”

31. 북극의 눈물과 광고

북극곰은 몸뚱이가 하얀 털로 뒤덮여 있어서 귀엽다.
그런데 이 인간을 해치는 야수다. 그런데 야수가 배가 고프면
더 포악해진다. 사실 배가 고픈 이유는 멋진 자동차 때문이다.
"누가 당당할 수 있을까? 야수의 굶주림 앞에, 소○타의 성능 앞에"

요즘 환경문제는 정말 심각하다. 남태평양의 한 작은 섬나라는 지구온난화, 빙하의 녹아내림, 해수면 상승으로 가라앉게 되었다고 한다. 진정 커다란 재앙이 아닐 수가 없다. 그래서 국내의 한 방송사는 이른바 "북극의 눈물"이라는 환경문제 다큐멘터리로 큰 반향을 일으킨 바 있다. 그 다큐의 스토리는 대충 이런 것이다. 빙하가 녹아내려 그 빙하 위해 노닐던 바다사자 등의 것들이 자취를 감추었고 하얀 북극곰은 이들을 사냥할 기회를 잃어버리게 되고 그러한 나날의 반복은 그 북극곰들을 굶어 죽게 만든다는 것이다. 그 다큐를 보는 내내 걱정이 이만저만이 아니었다. 그러고 나서 그 다큐가 끝나자마자 TV에서는 다가올 신년을 겨냥해 신형 "소 몰이기 자동차" 광고가 멋지게 지나갔던 기억이다.

가끔 학생들이 수업시간에 묻는다. 저 재미있고 기발한 광고 한 편과 환경오염이 무슨 관계가 있느냐고 말이다. 사실 관계가 있고 말고다. 광고의 아버지인, 자본주의는 생성될 당시부터 경제를 활발하게 작동시켜야 하는 생리로 태어났다 그래서 '대량 생산'된 양산품은 빨리 '대량 소비'되어야 하는 것이고 그 경제회전을 더 빠르게 하는 또 다른 고마운 제도가 바로 '광고'라는 것이다. 광고는 그래서 자본주의 사회의 중심에 있다고 해도 과언이 아니다. 어떤 경우는 광고란 그래서 자본주의와 이꼴이라고 할 정도다. 결국 전 세계에 존재하는 재미있고 번뜩이고 기발한 아이디어의 결과, 광고들의 궁극적 목적은 대량 생산된 양산품들을 대량 소비시키는 목적을 가지고 있다. 그래서 "당신은 소중한 것"이 아니라 "수많은 여러분들은 소중한 소비자들"이 되는 것이고 그 수많은 소비는 사회적 과부하를 낳고 그 과부하는 대량의 환경파괴의 결과를 가져온 것이다. 따지고 보면 그 이 긴 매개 과정의 가속화에 크게 공헌한 것이 바로 '광고'인 셈이다.

사실 인간의 행복이란 광고에서 요구하는 것들이 아니다. 이는 "광고 산업 고것이 뭣이라냐" 할 정도로 광고 산업이 덜 발달되어 있는 저개발 국가들의 국민들의 행복지수가 더 높다는 것만 봐도 알 수가 있다. 그렇지만 이 광고와 무관한 인간의 행복이란 광고산업이 왕성한 선진국에서는 철저하게 거부되고 해를 거듭하면 거듭할수록 상대적인 소비욕망만을 자극하고 그 자극에 따른 하나하나의 욕망들은 기하급수적으로 늘어나 이산화탄소가 대방출되는 것이다. 그리고 이윽고 북극에 그 하얗디하얀 곰이 굶어 죽을 지경에까지 놓인 것이다. 결국 곰이 그들의 생계를 위해 나태한 것도 아니었는데 늘 배고파하거나 급기야는 터전을 잃어서 멸종의 위기에 내몰린 것이다. 물론 이런 상황에서 인간은 '대량생산'을 중단할 수 없고 '대량소비'

를 중단할 수도 없거니와 더욱이 이 둘을 '대량 매개'하는 광고를 중단할 수는 더더욱 없다. 그랬다가는 또 자본주의를 휘청거리게 하는 '경기악화'가 실직자는 물론이고 노숙자들을 기하급수적으로 늘려 놓을 테니 말이다. 그러나 그보다 더 큰 재앙은 그 멈출 수 없는 질주가 '환경오염'이라는 지구의 존폐까지 위협하고 있다는 현 상황이다.

문제가 감지되었으면 아주 강력하고 빠른 처방이 필요하다. 그 "북극의 논물"이라는 다큐는 단순히 시청률을 높이기 위한 '연예인MT'프로그램이 아니었다. 인류에 대한 지구의 심각한 경고였다. 따라서 한 번 소비되고 말 농담거리가 아니라는 것이다. 그러나 우리는 현재에도 이산화탄소 대량방출의 '운송수단'과 아주 얇은 'TV수상기'를 국내는 물론이고 전 세계적으로 대량 소비시키기 위해 아주 기발하고 재미있는 광고들을 만들려고 노력중이다. 진정 태양열자동차 시판, TV재활용 캠페인이 가능하기는 한 걸까? 오늘도 많은 사람들은 '북극곰'에 대한 연민정서보다 '신제품'에 대한 스타일리시 정서에 더욱 익숙하니 그 끝없이 왜곡된 행복정서는 지구가 없어지고 나서야 고쳐지려나 하는 걱정을 떠나 두려움이 앞선다.

자본주의의 꽃인, 광고가 먼저일까? 지구의 꽃인, 인류가 먼저일까?

32. 이나광을 마치며

'이나광(異那廣)'이란 이미 감지했겠지만 본서의 제목, "이상한 나라의 광고"를 줄여서 사용한 말이다. 요즘은 줄여서 얘기하는 것을 많이 좋아하시는 것 같다. 그래서 본 광고담론서도 그런 요상을 떨어 봤다. 그리고 이를 다소 인위적이긴 하지만 '한자어'로 변환시켜 보았는데 "이상할 이(異)", "어찌할 나(那)", "넓을 광(廣)"으로서 "너무 이상해서 어찌할 수 없는 광고"라는 억지풀이도 해 보았다. 그 요상한 제목 아래 본서를 엮어내기까지 몇 가지의 또 다른 이야기를 싣고자 한다. 이는 각 이야기들마다의 뒷이야기일 수도 있고 더 첨가하고자 하는 의견일 수도 있다.

우선 첫 번째 등장한 이야기의 그 운동화는 사실 그날 한 번만 신고 현재에도 못 신어 보고 있다. 아무래도 필자도 물신주의 욕구가 강한 속물인가 보다. 그래도 그 브랜드에 대한 '오타쿠'로서보다 필자의 청소년 시절의 기억이 듬뿍 담겨 있는 '오타쿠'이기에 그 몹쓸 속물근성에서 그나마 반쯤은 걷어 주길 바란다. 두 번째 글에서 그 오지랖의 본토 발음들은 사실 여전하다. 아직도 평소 사람들끼리 이야기할 때 '내몽골'을 우리식 그대로 '내몽골'로 발음하고 '사천성'을 '사천성'으로 발음하건만 유독 언론은 애써 '네이멍구'가 왠 말이고 '톈안먼' 사태는 뭔가, '쓰촨성'은 또 뭐냐 말인가 한다. 앞으로 '중공'의 힘이 미국보다 더 세지면 우리는 또 '뉴욕'을 '니이우우웨'로 발음해야 할지 모르는 일이다. 세 번째, 사실 '교복' 혹은 '제복'은 사람을 단정하고 절도 있게 더 나아가 '위엄' 있어 보이게 한다. 그래서 필자도 과거 형 누나들이 입었던 검은 일본식 교복을 무척이나 입고 싶었다. 그러나 그 단정, 절도, 위엄을 원한다면 정작 입어야 하는 곳에 가서 입으면 된다. 이를테면 사관학교를 가거나, 경찰이 되려고 하면 기꺼이 입을 수가 있다. 그러나 학교는 분명 '자유', '창의', '평등'이라는 공간이며 교복이라는 미명아래 사실 제복과는 어울리지 않는다. 네 번째, 그 이후로 가족표현의 광고를 유심히 살펴보았다. 늘 '주인공' 혹은 '모델'을 중심으로 아래로의 확대가족만을 여전히 일반적 가족으로 인정하고 있다. 위로 어머니, 아버지, 할머니, 할아버지는 그 가족의 주변 혹은 보조자 등등으로 밀려나 있다. "제발 가족사진 찍으실 때 할머니 할아버지 좀 껴 주세요, 껴 주지 않을 거면 아쉬울 때 육아니, 집안일이니, 돈 좀 그만 요구하고요." 다섯 번째, 시중에 파는 김밥은 더 이상 필자에게 귀중한 음식이 아니다. 물론 하루하루 힘겹게 사시는 분들에게는 오히려 고마운 음식일 게다. 그래서 가끔 필자는 직접 볼품없는 김밥을 만들어 놓고 이웃을 초대한다. 뜨끈한 우거지 국에 볼품없는 김밥! 고맙게도 이웃들은 잘 드셔주신다. **여섯 번째,** 가끔 최진실 씨의 드라마를 케이블방송에서 본다. 여전히 그러한 고민스런 내막을 드러내지 않은 채 연기는 100점 만점에 100점이다. 그리고 김연아 씨도 공중파방송에서 본다. 여전히 그녀의 내막은 드러내지 않은 채 광고에서 상큼하게 말이다. 참 얼굴이 사람들에게 많이 알려진다는 것은 슬픈 일이다. 자랑스럽고 즐거운 일이 있을 때는 으쓱하지만 힘들고 괴로울 때는 진정 더 힘들기 때문이다 "텔레비전에 내가 나왔으면 정말 슬프네 정말 슬프네", **일곱 번째,** 공공기관을 방문하게 되면 그 '친절'과 '봉사'라는 단어를 기관 벽 어디에서나 볼 수 있다. 그런데 정작 그 친절은 그들의 쓰는 언어에서만이고 행동은 그렇지 않다. 다시 말해 마음에서 우러나오는 것이 아니라는 것이다. 앞으로 공공기관에 근무하실 분들은 친절봉사의식의 존재 여부를 아주 심도 있고 다차원적인 '시험'을 통과한 자만으로 뽑혔으면 한다. 진정 시민을 위해서, 구민을 위해서, 동민을 위해서 일한다면 그런 어처구니없는 참사는 없었을 것이다. **여덟 번째,** 서울 강남에는 성형외과가 어느 지역 못지않게 많다. 서구인 외모의 연예인들도 그 강남에서 외모를 가꾼다고 한다. 이 정도면 서울 '강남'은 서구인으로 만들어 주는 아주 이색적인 곳이 된다. 과거 '청계천'의 종합공구상의 밀집을 빗대어서 이렇게 표현하였다. 분명 거기서는 '로봇태권브이' 정도는 척척 만들어 낼 것이라고 말이다. 그렇다면 앞으로 서울 '강남' 종합외모상들의 밀집은 이렇게 표현되지 않을까 한다. 분명 거기서는 못생긴 한국인을 '안젤리나 조리' 정도로 뜯어고쳐 낼 것이라고 말이다. 아홉 번째, 그렇다면 우리 사회에서 명절은 각종 광고에서 떠들어대는 풍성하고, 반갑고, 즐거운 날이 결코 아니다. 정책입안자들로 인하여 '고속도로', '휴게소', '톨게이트', 'IC', '통행료'라는 단어들이 머리를 지끈지끈하게 하는 피곤하고, 피곤하고, 피곤한 그야말로 피곤한 날이다. 열 번째, 얼마 전 사람들이 버스 안에서 다소 신경 쓰이는 높이의 '미국어' 잡담을 하고 있었다. 정중히 조금 조용히 얘기해 주시길 한국말로 요구했다. 놀랍게도 두 사람 다 그 한국말로 된 요구를 알아들었고 한국어로 직접 말해 가며 알겠다고 했다. 한국인들끼리 굳이 미국어로 말하는 것은 자기들 마음이겠지만 공공장소에서 그토록 떠들어대지 말아야 하는 예절은 미국에서 배워오지 못한 듯했다. 이것도 일종의 '문화 지체'라고 할 수 있을까?

열한 번째, 유럽도시의 이미지는 바로 예술이다. 아프리카 도시의 이미지는 '자연'이다. 그리고 미국도시의 이미지는 쭉쭉 뻗은 '마천루'다. 그리고 우리나라 도시의 이미지는 '아파트'다. 그런데 그 아파트에 사는 우리나라 사람들의 의식은 늘 예술적인 유럽이지만 다른 사람들에게는 늘 소박한 아프리카의 자연이라고 겸손을 떤다. 그런데 우리 도시는 사실 이 둘 다 소유하겠다는 욕심으로 미국처럼 쭉쭉 솟아 있다. 참 재미있는 국민성이다. 열두 번째, 얼마 전에는 특정 정부부처들이 개별적으로 그 옛날 '국정홍보처'가 했을 법한 일을 대신하는 내용의 광고를 TV에 등장시켰었다. '나라의 땅과 바다를 관리하는 부처'가 강변 정리하기를, '나라의 외교를 담당하는 부처'가 자유롭게 무역하기를, '깨끗한 선거를 관리하는 기관'이 정치인에게 푼돈 주기 등을 직접 자세하고 재미있게 풀어서 말이다. **열세 번째,** 연말을 즈음하여 대학 동창을 만났다. 그것도 이성 친구를 말이다. 아마 20년 전만 해도 결혼한 여자 동창을 단둘이 만나기란 그리 쉽지 않았을 것이다. 그래서 영어로 "ZOO"라고 하는 우리나라 락그룹이 이미 결혼한 여동창을 시청 앞 지하철역에서 우연히 만난 노래를 "시청 앞 지하철역"이라는 제목으로 창작하지 않았는가 한다. 그러나 필자는 쉽게 만났고 그녀는 그때 우리나라 '기러기 아빠'에 대하여 '바보'라고 했다. **열네 번째,** 현재 광화문은 아직도 공사 중이다. 상경할 때마다 너무나도 그 장엄한 모양이 궁금하다. 문화재 보수를 할 때 문화재가 어떻게 보수되어 가고 있는지 보여줬으면 한다. 미운 일본이지만 거기서는 이럴 경우 투명한 아크릴로 문화재든 뭐든 공사현장 모두를 공개한다고 한다. 문화재의 보수가 완성될 때만 '짜잔' 하며 보는 것도 좋지만 보수되는 과정도 사실 알고 싶다. 아니, 알아 갈 권리가 있다. 그러나 현재 '서울시청사'는 한 해 시민의 혈세를 몇 억씩 들여가며 공공디자인이라는 것으로 철저하게 가려 놓았다. **열다섯 번째,** 별 일곱 개짜리 사이다는 현재 초·중고등학교에서 찾아보기 힘들다고 한다. 그 사이다를 포함해 탄산음료는 청소년들에게 유해하여 그 노출을 금지한다는 것이다. 그런데 사실 대학도 그래야 하지 않을까? 요즘 대학생은 '민주화'에 대하여 갈망하기보다 그들이 청소년일 때와 똑같이 철이 없는 것 같다. 그들의 식습관도 중고등학교 때와 아주 같다. **열여섯 번째**, 옷을 세련되게 입는 사람은 생각도 그렇게 하는지 모르겠다. 우리나라 사람들은 옷을 아주 잘 입고 다닌다. 그래서 외국에 데려다 놓으면 세련의 극치를 달린다. 그래서 그런지 한국에서는 얼굴 꽤나 알려진 세련된 방송인은 아무 무리 없이 정치계에 입문할 수 있다. **열일곱 번째**, 사실 필자가 제일 좋아하는 기념일은 '제헌절'이다. 왜냐하면 이날은 필자의 생일 다음 날이다. 그래서 생일행사가 심리적으로 넉넉한 느낌이다. 그러나 이제는 쉬는 날이 아니다. 그래서 많은 사람들이 안타까워한다. **열여덟 번째**, 필자도 사실 메이커 옷이 몇 벌 있다. 그리고 이 글을 쓰고 나서 그 커진 라벨 메이커로 옷을 사지 않을 것이라 마음먹었다. 아니, 필자도 메이커에서 해방되고자 노력하기로 했다. **열아홉 번째**, 관악산 근처의 친한 선배 집에 놀러갔었다. 판자촌을 헐고 새로운 아파트촌이 들어섰다. 번듯한 아파트가 쭉쭉 뻗어 있었다. 그리고 아주 그럴듯하게 '시냇물 줄기'를 조성해 놓았다. 그래서 세수도 하고 옷 속 땀 흘린 몸통까지 손을 쭉쭉 넣어 가며 씻었다. 아마 관악산 물을 그대로 흐르게 하는 친환경 아파트임에 틀림이 없을 것이라고 생각했다. 그러나 선배 왈 아침 9시부터 저녁 5시까지 작동하는 왠지 찜찜한 '분수'물이란다. **스무 번째**, 요즘은 사교육을 받아야 할 대학생도 꽤 있는 듯하다. 그래서 공부를 못 하는 대학생도 많다.

그러나 공부가 인생의 전부는 아니기에 괜찮긴 하다. 그러나 그렇게 대학에서까지 사교육을 받을 바엔 대학에 왜 왔는지 하는 의문이 남는다.

스물한 번째, 요즘 우리의 '왕'은 경복궁 앞에 금빛모양으로 앉아 있다. 그리고 우리는 그 왕 앞에서 스케이트도 타고 스노보드도 타고 별 걸 다 한다. 황제가 살았던 '자금성' 앞에서도 그럴까? 천황이 살고 있는 '황거' 앞에서도 이렇게들 자유분방할까? 우리나라는 알다가도 모르겠다. 정작 자유분방해야 할 때는 경직되어 있고 그럴 필요가 없는 데는 오지랖 넓게 자유분방하니 말이다. 우리나라의 심장부를 전 세계에 광고하기 위해 하는 이벤트지만 깊이 생각해 본 것 같지는 않다. 스물두 번째, 우리나라 교수님들의 아이들은 대부분 외국에서 수학을 하고 있다. 그러한 교수님들의 끝없는 자식사랑 마음이 아마도 제자들에게도 잘 반영되었나 보다. 제자들을 정말 위하는 교수님들께서는 외국에서 공부한 흔적이 있는 사람을 우리 사회가 병적으로 밝힌다는 것을 아끼는 제자들에게 미리 알려 주시는 것 같다. 스물세 번째, 서울대학교는 앞으로 '세종신도시'로 일부 이전하려는 조짐이다. 그러면 이전한 서울대학교의 명칭은 '세종대학교'로 바뀌나, 좀 이상하다. 서울대학교는 서울에 있어서 서울대학교가 아닌가? 아, 맞다 맞다. '수원대학교'는 수원에 없지. 경기도 화성시 봉담읍 와우리에 있지! 스물네 번째, 서울의 남대문로를 걷던 중 '○○생명'지점이 있어서 연말정산에 필요한 서류를 발급받을 요량으로 그 지점에 방문했다.

큰 사무실에 사원책상들이 즐비했지만 거의 사원이 없었다. 한 나이 지긋한 여직원이 무슨 일로 오셨냐고 얼굴에는 귀찮다고 씌어 있지만 아주 친절한 목소리로 물었다. 그러나 필자의 요구는 광화문 본점에 가야 발급받을 수 있다고 했다. "그럼 여기서는 뭐하시나요?" 하고 여쭤 보니, 정 필요하다면 본사에 연락해서 팩스로 발급받아 주겠다고 했다. 물론 발급은 받을 수 있겠지만 그 큰 평수의 사무실은 어떤 용도로 쓰이는지 이상하고 또 이상했다. 스물다섯 번째, 머지않아 우리가 쓰는 석유생산은 어느 정점(peak oil)에 이르게 된다. 그래서 급속한 석유생산의 하향곡선으로 전 세계적 석유자본주의 시스템은 대격변을 예고하고 있다. 그래서 '자급자족(自給自足)'하는 세상이 도래할 것이라고 예견하는 이도 있다. 그런데 우리나라 국민들은 도시에서 학력을 높이는 데만 익숙하지 촌에서 자급자족할 수 있는 능력은 거의 없으니 이를 어쩌면 좋단 말인가. 스물여섯 번째, 요즘은 이성 간의 연애에서 여성들의 남성 의존적 경향이 많이 지적되어 지곤 한다. 이를 반영하듯 한 TV 오락프로그램에서 본격적으로 그 내용을 조목조목 따져 가며 이른바 '남성인권'의 웃지 못 할 장면을 연출시키고 있다. 물론 한번 웃어 보고자 하는 오락물이지만 분명한 조짐은 '레이디퍼스트'는 이젠 옛말이 되어 가는 듯하다. 오히려 여자보다, 사람보다, 자연을 우선시하는 '네츄럴퍼스트'가 대세다. 스물일곱 번째, 은행금리가 그리 높지 않다. 그래서 많은 은행이 돈을 쌓지 말고 굴리라고 광고한다. 그러나 그랬다가 손해 본 사람이 한두 명이 아니다. 은행들은 어떻게 해서든 합병에다 구조조정에다 살아남지만 고객은 하루아침에 알거지가 되기도 한다. 그 옛날 쌓아서 부자 되라는 '이데올로기'는 사라진 게 아니라 아직도 유효한데 다만 사람들의 집 사고, 차 사고, 놀러 가고 하는 '물욕'이 더 커져서 돈을 쌓는 방법도 모자란 듯하다. 스물여덟 번째, 다저스에는 더 이상 한국출신 용병이 없다. 이제는 우리나라 출신 용병은 '맨체스터 유나이티드'에 있다. 그리고 거기서 뛰고 있는 한국선수가 모국을 방문할 때마다 각종 언론은 난리에 난리를 친다. 아마 수요가 있기에 그런 것일 것이다. 우리는 보통 '상업성'이 무언가에 입혀지면 늘 탐탁지 않게 생각한다. 그러나 사실 그 교활한 '상업성'은 우리가 야기한 수요이니 누굴 탓하겠는가 말이다. 스물아홉 번째, 어떤 교회는 성탄절 장식할 돈으로 불우이웃을 돕는다. 그리고 어떤 교회는 성탄절 교회를 눈이 부실 정도로 장식한다. 어떤 교회는 교단을 장식할 돈을 불우이웃을 위해 쓴다. 그리고 어떤 교회는 매주 화려한 꽃장식으로 교단을 꾸민다. 또 어떤 교회는 헌금자 명단을 공개한다. 그리고 어떤 교회는 그 명단을 공개하지 않는다. 하나님께서는 이러한 교회 중 어떤 교회가 당신을 올바르게 믿고 있다고 하실지 궁금하다. 그러나 하나님의 사랑은 바다와 같아서 모든 교회를 다 감싸 안으실 것이다. 그러나 세상 사람들은 돈 들여서 장식하고, 꾸미고, 헌금 공개하는 교회를 별로 좋아하지 않는 듯하다. 서른 번째, 진정한 '귀족정신' 혹은 '양반정신(noblesse oblige)'은 누구에게 과시하려고 하는 것이 아니다. 사회적 책임감에서 비롯되는 것이다. 그러나 우리나라 양반 혹은 귀족이 될 만한 ‘대기업’은 범법에 대한 면죄부로서 봉사라는 생색을 십분 활용하는 듯하다. 과연 우리 사회에 진정한 양반 혹은 귀족이 있을까? 하긴 겉으로라도 그래 보이는 사람들은 광고에서 얼마든지 볼 수 있다. 자기는 소중하니까! 서른한 번째, 현재에도 북극의 곰들은 지속적으로 굶어 죽어 나갈 것이다. 그러나 그 곰들은 왜 자기 어미·아비보다 고달픈 삶을 살다가 그렇게 죽어 가는지도 모를 것이다. 요즘은 집집마다 ‘애완견’을 하나둘씩 모시고 산다. 그리고 이를 장려하는 TV프로그램도 있다. 그야말로 그 상전의 애완견생활을 위한 대량생산 산업은 날로 번창하지만 이로 인하여 북극의 새하얀 곰들은 나날이 죽어 간다. 나중에는 동물원에 순전히 개만 있지 않을까?

‘소련’이 붕괴되고, ‘중공’이 자본주의를 체득하고, ‘동독’이 통일했을 때 많은 학자들은 ‘사회주의’와 ‘자본주의’가 대치해 온 20세기는 자본주의의 승리라고 찬양했다. 그러나 21세기에 그 승리한 자본주의는 현재 언젠가는 반드시 회복되고야 마는 ‘몸살’이 아니라 ‘암’이라는 커다란 질병을 앓고 있다. 그리고 그 질병은 회복이 가능해 보이지 않기에 거의 ‘말기암 환자’와 같다. 결국 ‘사회주의’건 ‘자본주의’건 그 외에 그 어떤 체제로도 대체할 수 없이 지구는 환경오염·파괴로 인하여 병들어 가고 있다. 그래도 전 세계인들은 새로운 스타일의 자동차를 구입하고자 하며, 크리스털이 박힌 냉장고로 빌트인 된 주방을 은근히 자랑한다. 바로 광고라고 하는 '욕망관'을 매개로 말미암아 말이다.

"과연 나처럼 지구도 소중한 걸까?"

문윤수 ───

▌약력

목원대학교 광고홍보학과 졸업
미국 미시시피 주립대학(The University of Mississippi(Ole Miss)) 학부 파견
경희대학교 사회학과 사회학석사(광고사회학)
경희대학교 사회학과 사회학박사(광고사회학)
경희대학교 정보사회연구소 연구원
한국광고홍보학회 회원
한국광고학회 회원
한국사회학회 회원
2006, 2007, 2008, 2009, 2010 대한민국 대학생 광고경진대회 전국 집행위원
현) 목원대학교 사회과학대학 광고홍보언론학과 전임강사

▌주요 논저

「사회학적 상상력을 활용한 사회현상으로서 광고연구」
「생활세계의 식민지화로서의 과잉커뮤니케이션된 상업적 커뮤니케이션 연구」
「광고개발에 대한 사회적 평판연구」
「고유성이 편중된 한국의 도시이미지에 관한 연구」
『재미있는 광고에 도시락을 던져라』
『광고 사회학』

광고로 촉발되는 이상한 우리나라 이야기

이상한 나라의 광고

이나광

異那廣 Advertising's Adventures in Wonderland

초판인쇄 | 2010년 5월 19일
초판발행 | 2010년 5월 19일

지은이 | 문윤수
펴낸이 | 채종준
펴낸곳 | 한국학술정보㈜
주　소 | 경기도 파주시 교하읍 문발리 파주출판문화정보산업단지 513-5
전　화 | 031) 908-3181(대표)
팩　스 | 031) 908-3189
홈페이지 | http://www.kstudy.com
E-mail | 출판사업부　publish@kstudy.com
등　록 | 제일산-115호(2000. 6. 19)

ISBN　978-89-268-1028-6 03320 (Paper Book)
　　　　978-89-268-1029-3 08320 (e-Book)

이담 Books 는 한국학술정보㈜의 지식실용서 브랜드입니다.